O CORAÇÃO DO NEGÓCIO

"*O coração do negócio* será o livro definidor dos negócios nesta década. Hubert Joly compartilha insights altamente bem-sucedidos, simples e profundos que realinham propósito, pessoas e lucro. Sua visão testada e aprovada constitui um guia brilhante para todos os líderes e todas as empresas que se preparam para esta nova era de capitalismo inclusivo."
– ANGELA AHRENDTS, ex-CEO da Burberry

"Colocar o propósito e as pessoas em primeiro lugar é o mais poderoso impulsionador de desempenho e de valor a longo prazo. Este livro é uma inspiração para qualquer líder que queira causar um impacto econômico, social e ambiental positivo." – SOPHIE BELLON, presidente da Sodexo

"Uma voz inovadora sobre transformação organizacional, Hubert Joly compartilha uma perspectiva visionária sobre o que pode ser a próxima fase do capitalismo. É leitura obrigatória para quem busca compreender o negócio moderno como uma força para o bem global e entender por que precisa haver um propósito profundo no coração de tudo que fazemos." – ALEX GORSKY, CEO da Johnson & Johnson

"O ressurgimento da Best Buy sob a liderança de Joly é só um exemplo do poder transformador de seus princípios. Durante muitos anos tive o privilégio de ser inspirado por ele, que compartilhava comigo em primeira mão suas experiências. Este é um guia único e muito humano para uma verdadeira liderança, especialmente em tempos desafiadores."
– RALPH LAUREN, estilista e empresário

O CORAÇÃO DO NEGÓCIO

PRINCÍPIOS DE LIDERANÇA PARA UMA NOVA ERA DO CAPITALISMO

HUBERT JOLY
E CAROLINE LAMBERT

SEXTANTE

Título original: *The Heart of Business*

Copyright © 2021 Hubert Joly
Copyright da tradução © 2022 por GMT Editores Ltda.

Publicado mediante acordo com Harvard Business Review Press.

Todos os direitos reservados. Nenhuma parte deste livro pode ser utilizada ou reproduzida sob quaisquer meios existentes sem autorização por escrito dos editores.

tradução: Paulo Geiger
preparo de originais: Sheila Louzada
revisão: Luis Américo Costa e Tereza da Rocha
diagramação: Valéria Teixeira
capa: Alban Fischer e Stephani Finks
ilustração de capa: Monica Garwood
adaptação de capa: Natali Nabekura
impressão e acabamento: Cromosete Gráfica e Editora Ltda.

CIP-BRASIL. CATALOGAÇÃO NA PUBLICAÇÃO
SINDICATO NACIONAL DOS EDITORES DE LIVROS, RJ

J66c

Joly, Hubert
  O coração do negócio / Hubert Joly, Caroline Lambert ; tradução Paulo Geiger. - 1 ed. - Rio de Janeiro : Sextante, 2022.
  240 p. ; 23 cm.

Tradução de: The heart of business
ISBN 978-65-5564-409-8

1. Liderança. 2. Ética empresarial. 3. Sucesso nos negócios. I. Lambert, Caroline. II. Geiger, Paulo. III. Título.

22-77672   CDD: 658.4092
       CDU: 005.322:316.46

Meri Gleice Rodrigues de Souza - Bibliotecária - CRB-7/6439

Todos os direitos reservados, no Brasil, por
GMT Editores Ltda.
Rua Voluntários da Pátria, 45 – Gr. 1.404 – Botafogo
22270-000 – Rio de Janeiro – RJ
Tel.: (21) 2538-4100 – Fax: (21) 2286-9244
E-mail: atendimento@sextante.com.br
www.sextante.com.br

A Hortense

SUMÁRIO

PREFÁCIO	9
INTRODUÇÃO	15

PARTE 1 O SIGNIFICADO DO TRABALHO — 21

1 A maldição de Adão — 23
2 Por que trabalhamos — 32
3 O problema da perfeição — 44

PARTE 2 A ORGANIZAÇÃO HUMANA COM PROPÓSITO — 55

4 A tirania do valor para o acionista — 57
5 O negócio de construir catedrais — 67
6 Fazendo o propósito nobre funcionar — 81
7 Como conduzir uma reestruturação numa empresa sem que todos passem a odiar você — 97

PARTE 3 A MÁGICA HUMANA — 119

8 Deixando cenouras e varas para trás — 121
9 Primeiro ingrediente: conectar sonhos — 130

10 Segundo ingrediente: desenvolver conexões humanas 142

11 Terceiro ingrediente: fomentar a autonomia 159

12 Quarto ingrediente: alcançar a excelência 171

13 Quinto ingrediente: o vento às suas costas 184

PARTE 4 UMA LIDERANÇA COM PROPÓSITO 195

14 Nossa forma de liderar faz diferença 197

15 O líder com propósito 206

CONCLUSÃO 215

AGRADECIMENTOS 221

NOTAS 225

PREFÁCIO

Por Bill George

É uma honra escrever este prefácio para a obra-prima de meu grande amigo Hubert Joly, *O coração do negócio*. Este livro certamente se tornará um farol para uma nova geração de líderes empresariais, que vão revitalizar o capitalismo junto a seus colaboradores, clientes, fornecedores e comunidades, ao mesmo tempo que obtêm retornos sustentáveis para seus investidores.

Não é o típico livro escrito por um ex-CEO. Hubert desfia a experiência de sua vida nas trincheiras do negócio global com profunda sabedoria pessoal, definindo um estilo de liderança que todos os líderes empresariais deveriam seguir.

Não foi um caminho fácil até o ponto de poder escrever um livro tão importante. Sempre disposto a aprender, Hubert foi corajoso em assumir desafiadores processos de reestruturação (*turnaround*) em setores nos quais nunca havia atuado. Ele usou sua rigorosa educação francesa e sua privilegiada experiência como consultor da McKinsey para liderar cinco companhias como CEO, culminando na transformação da Best Buy. Durante esses anos, Hubert viveu também uma transformação pessoal. Em vez de se preocupar em ser a pessoa mais inteligente à mesa, tornou-se um apaixonado e compassivo líder de pessoas.

Hubert e eu nos conhecemos pouco depois de ele se mudar para Minneapolis, como CEO do grupo Carlson, e nos tornarmos vizinhos. Descobrimos muitas crenças em comum a respeito de liderança, do propósito do capitalismo e do que é necessário para construir e manter grandes empresas. Tínhamos seguido caminhos parecidos pelo mundo corporativo

– Hubert na França e eu nos Estados Unidos – e aprendemos do jeito mais difícil que líder não é aquele que tem todas as respostas.

Antes de se tornar CEO da Best Buy em 2012, Hubert conduziu reestruturações à frente da EDS França, da divisão de videogames da Vivendi, da Carlson Wagonlit Travel e do grupo Carlson. Apesar de suas realizações, com pouco mais de 40 anos ele estava desiludido com a busca pelo sucesso. Foi o que o levou a "dar um passo para trás e passar um tempo contemplando minha alma a fim de encontrar uma direção melhor para a minha vida". Então, em seu estudo com monges católicos e alguns CEOs na França, deu-se conta de que o trabalho é uma nobre vocação para servir os outros e uma expressão de amor. Citando o poeta Khalil Gibran, segundo o qual "Trabalho é amor que se torna visível", Hubert acredita que o trabalho tem que ser orientado pela busca de um propósito focado nas pessoas. Essa convicção moldou sua vida e sua carreira.

Em *O coração do negócio,* Hubert compartilha todos os aspectos de sua jornada pessoal rumo a seu coração conforme aprendia que envolver pessoas em uma missão compartilhada era uma forma mais poderosa de liderar. Em sua vida pessoal, ele descobriu que expor suas vulnerabilidades gerava uma conexão mais profunda com os outros e também os estimulava a se abrirem mais. Segundo ele, "não há conexão humana autêntica sem vulnerabilidade nem vulnerabilidade sem imperfeições".

Hubert não estava sozinho na sensação de chegar ao topo ainda jovem e se perguntar: "Isso é tudo?" Eu também me senti assim nessa idade, em meus últimos anos na Honeywell. Imerso na minha terceira reestruturação consecutiva, eu me empenhava em me tornar o CEO dessa companhia global. Um dia, voltando para casa, me olhei no retrovisor e vi uma pessoa infeliz. Era 1988. Finalmente, admiti para mim mesmo que estava perdendo o rumo, lutando para alcançar uma posição num negócio que não me entusiasmava, quando deveria seguir minha vocação. Em vez de liderar com o coração, eu estava abafando minha paixão e minha compaixão. Graças à insistência da minha esposa, Penny, e ao encorajamento de amigos, esse chamado para o despertar me levou a aceitar a proposta da Medtronic, onde passei os 13 melhores anos da minha vida profissional.

Em 1995, Penny e eu conhecemos o monge budista Thich Nhat Hanh, que nos ensinou: "O caminho mais longo a percorrer são os 45 centímetros da sua cabeça até seu coração." Mas a sabedoria adquirida na jornada nem sempre se traduz imediatamente em ação. Mesmo como CEO da Medtronic, eu ainda estava aprendendo aquela lição. Embora tivesse empreendido a jornada até meu coração, constatei que era apenas parte do caminho. De maneira semelhante, Hubert oferece uma perspectiva revigorante para alguém tão bem-sucedido. A lição fundamental é ter o coração aberto e uma mente de aprendiz ao longo da jornada interior que conduz à descoberta do seu eu autêntico.

A jornada pessoal de Hubert transformou seu modo de liderar, agora mais centrado no coração, e o mesmo aconteceu com sua filosofia de liderança. Por meio de suas experiências, ele reconheceu que também as empresas têm uma jornada a empreender: migrar da atitude de perseguir objetivos financeiros para a descoberta de que o coração do negócio reside em seu pessoal. Hubert observa: "Corporações não são entidades sem alma, mas organizações humanas que têm como centro as pessoas, trabalhando juntas por esse propósito." Atuar segundo essa definição desencadeia a "mágica humana", criando um ambiente no qual todos os funcionários podem crescer e alcançar seu pleno potencial. Para Hubert, o pilar central de todo negócio é o propósito, que habilita a organização a contribuir para o bem comum e atender a todas as partes interessadas em seu sucesso (também conhecidas como *stakeholders*).

Considerando os sérios problemas que a Best Buy enfrentava, muitos analistas previam em 2012 que ela fecharia as portas ou seria desmembrada por uma empresa de *private equity*. Depois que Hubert foi nomeado CEO, nós dois passamos muitas horas juntos discutindo os desafios que ele enfrentava. Praticamente qualquer outro líder encarregado de uma reestruturação como aquela seguiria a cartilha corporativa tradicional: (1) fechar 30-40% das lojas e vender os imóveis, (2) dispensar 30-40 mil funcionários, (3) reduzir o número de categorias de produtos, (4) pressionar fornecedores por preços mais baixos e, no fim, (5) receber por tudo isso um grande bônus.

Hubert tomou um caminho diferente, pois acreditava que apenas propósito e pessoal poderiam ativar a energia necessária à difícil tarefa de empreender uma virada. Ciente de que sabia pouco sobre o negócio varejista, ele se colocou como aprendiz: foi para St. Cloud, no estado de Minnesota, e, vestindo a calça cáqui e a icônica camisa azul da Best Buy com um crachá em que se lia "CEO em treinamento", passou seus primeiros quatro dias na empresa compreendendo o que estava errado aos olhos dos clientes e dos funcionários da linha de frente.

Hubert inspirou os funcionários a se engajar na estratégia de reestruturação, que chamou de plano Renew Blue (Renovar o Azul). Suas prioridades eram gerar receita e melhorar a margem de lucro, sendo redução de pessoal e fechamento de lojas os últimos recursos. Fez isso criando um ambiente positivo e sendo totalmente transparente quanto aos desafios que a empresa enfrentava.

Como recuperações podem levar um bom tempo – um tempo cheio de incertezas –, Hubert procurou pequenas vitórias para comemorar publicamente, como anunciar vendas estáveis no final de 2012, sinalizando que o declínio na receita fora estancado. Ao invés de estrangular fornecedores, fez parceria com eles, inclusive com a arquirrival Amazon: usou espaços físicos para criar "minilojas" para Samsung, Microsoft e Apple e passou a vender eletrodomésticos e produtos de saúde. Essas medidas deram aos 125 mil funcionários da Best Buy motivo para ter esperança e recompensas por seu trabalho, criando a "mágica humana" que Hubert buscava.

Os consequentes aumentos nas vendas e melhoria das margens de lucro valorizaram as ações da empresa, recompensando seus acionistas. Após concluir a reestruturação da Best Buy em 2016, Hubert orientou a elaboração da missão da companhia ("Enriquecer a vida dos clientes por meio da tecnologia") ao mesmo tempo que inaugurava a estratégia de crescimento, Building the New Blue (Construindo o Novo Azul).

Ainda que muito se possa aprender da bem-sucedida virada que Hubert conduziu na Best Buy, *O coração do negócio* tem bem mais a oferecer. Suas mensagens mais significativas tratam do que é preciso para que as organizações sejam bem-sucedidas nos anos vindouros inspirando colaboradores a se alinhar na busca de um propósito comum. Ao oferecer aos funcionários a visão de que o trabalho deles cumpre um propósito nobre, Hubert conclama as empresas a mudar o foco e se concentrar em seus colaboradores, em prol dos clientes e do bem comum.

Hubert defende a convincente ideia de que, para uma empresa, perseguir seu propósito é superior à máxima de Milton Friedman segundo a qual "a responsabilidade social das empresas é a maximização dos lucros". Hubert acredita, assim como eu, que lucros sustentáveis são fruto de organizações movidas por uma missão e empenhadas em servir a todas as partes interessadas.

No futuro, toda empresa precisará focar em seu propósito, ou *raison d'être*, para se legitimar no serviço à sociedade criando valor para todas as partes interessadas. Organizações que seguirem a abordagem de Hubert vão propiciar trabalho recompensador e empregos bem pagos a seus funcionários, produtos e serviços que melhorem a vida de seus clientes e retornos sustentáveis para seus investidores, tornando-se assim a força para o bem necessário à transformação da sociedade.

Hubert Joly nos mostra o caminho para concretizar essa visão neste livro magnífico que encapsula de modo integrado todas as suas filosofias. Se os líderes empresariais ouvirem suas mensagens e seguirem sua abordagem, o mundo será muito melhor.

Bill George é professor titular da Harvard Business School, ex-presidente e ex-CEO da Medtronic e autor de Liderança autêntica.

INTRODUÇÃO

– Você enlouqueceu?

Foi o que eu disse a meu amigo Jim Citrin, responsável pelo treinamento de CEOs na Spencer Stuart, empresa global de recrutamento de executivos. Jim e eu nos conhecíamos desde a década de 1980, quando trabalhávamos na firma de consultoria de gestão McKinsey & Company. Era maio de 2012 e Jim tinha me feito uma pergunta simples: estaria eu interessado em me tornar o próximo CEO da Best Buy?

Quando recebi a ligação de Jim, eu conhecia a Best Buy fazia muito tempo, e não só por estar morando no estado de Minnesota. Doze anos antes, quando chefiava a divisão de videogames da Vivendi em Los Angeles, eu havia enfrentado pela primeira vez o inverno de Minneapolis, em Minnesota, para promover *Diablo II, Half-Life* ou algum outro de nossos jogos na sede da Best Buy. O clima não impediu que eu me mudasse para a cidade em 2008, para assumir o grupo Carlson. Um ano depois, convidei Brad Anderson, que acabara de deixar o cargo de CEO da Best Buy após 35 anos na companhia, para compor a diretoria do Carlson. Eu nutria grande admiração por ele e pelo fundador da Best Buy, Dick Schulze, que tinham construído uma formidável potência varejista. Começando com um único ponto de venda de equipamentos de áudio em St. Paul, também em Minnesota, a Best Buy se tornara a maior rede de lojas de eletrônicos do mundo.

Mas a ideia de Jim era insana em todos os aspectos. Eu não entendia nada de varejo e, em 2012, a dinâmica do mercado não parecia nem um pouco favorável para a Best Buy: lojas on-line, em especial a Amazon, estavam quebrando rapidamente o varejo de eletrônicos, obrigando marcas antes poderosas a lutar pela sobrevivência. A Circuit City já tinha declarado falência e a Radio Shack seguia na mesma direção. Além disso, vários importantes fornecedores da Best Buy (Apple, Microsoft, Sony e outros) estavam abrindo lojas próprias. Para completar, o desempenho operacional da Best Buy vinha se deteriorando no mercado doméstico fazia anos por conta de uma tentativa de expansão internacional.

Como se não bastasse tudo isso, o CEO tinha acabado de renunciar por força de uma investigação interna, Dick Schulze queria fechar o capital da empresa e analistas e investidores previam que a Best Buy estava em vias de extinção.

– É um caos! – eu disse a Jim.

Mas ele não via dessa forma.

– É perfeito para você. A situação pede uma reestruturação e você é brilhante nisso. Acho que pode dar muito certo! Pelo menos pense no assunto.

Três coisas me levaram a seguir o conselho de Jim e me informar a respeito. Primeira: depois de oito anos na Carlson, eu já pensava em deixar a empresa, uma vez que a família Carlson e eu tínhamos ideias diferentes quanto ao modo de conduzir o negócio dali para a frente. Segunda: eu confiava em Jim. Terceira: eu realmente já tinha conduzido várias reestruturações e minha experiência em alguns setores abalados e análogos ou adjacentes ao da Best Buy poderia ser relevante e útil.

Comecei então o processo de diligência prévia que se costuma fazer nessa situação: li tudo que pude sobre a companhia, escutei atentamente apresentações para investidores, conversei com ex-colaboradores, visitei algumas lojas. Quanto mais aprendia, mais animado ficava.

O problema não era a Amazon. Tampouco o mercado ou a disrupção digital.

Na verdade, o mercado vivia um momento empolgante, com as inovações nos eletrônicos de consumo (produtos de uso pessoal e cotidiano) gerando uma demanda significativa. A meu ver, o mundo precisava da Best Buy: clientes precisavam de ajuda para suas escolhas e fornecedores precisavam dessa vasta rede de lojas como mostruário para os frutos dos bilhões de dólares investidos em pesquisa e desenvolvimento. Eu ainda não sabia muito sobre o setor varejista, mas estava claro para mim que, embora a Best Buy enfrentasse desafios significativos, grande parte de seus problemas era de responsabilidade própria – e, portanto, estava totalmente sob seu controle. O futuro da empresa não precisava ser a extinção. Havia saída!

Quando me encontrei pela primeira vez com os membros do conselho de administração da Best Buy que escolheriam o próximo CEO, já não pensava que Jim estava louco. Eu queria o cargo.

– Sinto que passei toda a minha vida profissional me preparando para este trabalho – falei para Kathy Higgins Victor e o comitê que ela liderava para a escolha do próximo CEO, em minha primeira entrevista com eles.

Foi em 14 de julho de 2012, Dia da Queda da Bastilha (data sempre significativa para um francês). No mês seguinte, bem no dia do meu aniversário, recebi uma ligação de Kathy me informando que eu seria o próximo CEO da Best Buy.

Os oito anos seguintes foram uma aventura inspiradora e gratificante. A empresa que a Amazon supostamente ia aniquilar voltou a ser uma varejista próspera, em crescimento, tendo a própria Amazon como parceira e contando com funcionários dedicados. Em junho de 2019, quando passei o bastão para Corie Barry e sua equipe de liderança, a Best Buy tinha registrado seis anos seguidos de crescimento, os ganhos haviam triplicado e o valor da ação, que ameaçava cair a números de um dígito em 2012, alcançara 75 dólares. Reportagens na mídia falavam que nós "desafiamos as expectativas", "demos uma guinada" e "resgatamos a empresa". Senti que tinha realizado o que me dispusera a fazer. Em junho de 2020, deixei a presidência do conselho.

Durante meu tempo na Best Buy, consegui pôr em prática aprendizados anteriores e também adquiri um gigantesco novo aprendizado – sobre trabalho, sobre a natureza e o papel das empresas e sobre o que é capaz de acender entre os funcionários aquele tipo de chama que resulta em desempenho excepcional. Aprendi também sobre liderança.

Aprendi que muito do que me haviam ensinado sobre negócios quando estudante, quando consultor e quando jovem executivo estava errado, ultrapassado ou incompleto. Aprendi que o propósito de uma empresa não é ganhar dinheiro, ao contrário do que Milton Friedman quis que acreditássemos. Aprendi que o antigo modelo de gestão vertical – em que uns poucos executivos formulam uma estratégia e seu plano de implementação para então dizer a todas as outras pessoas da empresa o que fazer enquanto elaboram incentivos para motivá-las – raramente funciona. E aprendi que o modelo do líder super-herói brilhante e poderoso está ultrapassado.

Depois de toda a experiência que acumulei, culminando nos incríveis anos na Best Buy, hoje acredito – ou melhor, sei – que *propósito* e *conexão humana* constituem o verdadeiro coração do negócio. E acredito que devem estar no coração da urgente refundação dos negócios. O capitalismo como o conhecemos nas últimas décadas está em crise. Cada vez mais o sistema vem sendo apontado como responsável por fraturas sociais e degradação ambiental. Funcionários, clientes e até mesmo acionistas esperam das corporações muito mais do que uma busca cega por lucros. A desmotivação no trabalho é uma epidemia global. Recentemente, um novo movimento por direitos civis e a pandemia de covid-19 aceleraram a necessidade de repensarmos nosso sistema se quisermos vencer os enormes desafios que temos diante de nós.

As empresas podem ser uma força do bem nessa luta, pois se encontram em uma posição única para ajudar em algumas das questões mais prementes no mundo. Um número crescente de líderes corporativos concorda com isso. Mas eles e eu sabemos, por experiência, que é algo difícil de fazer.

É por isso que, neste momento em que estou começando o próximo capítulo da minha vida, quero compartilhar o que aprendi em todos esses anos. Como CEO, sempre fiz questão de manter um perfil discreto, recusando educadamente a maioria dos convites para aparecer em programas de TV e capas de revista. Para mim, gestão não implica fama e glória para o CEO. Implica trabalho e diz respeito às pessoas que eu estava lá para liderar e inspirar. Porém, agora que deixei o cargo, quero usar minha energia e minha experiência para promover essa visão e torná-la uma realidade em mais lugares. Quero contribuir para a necessária refundação dos negócios com base em propósito e humanidade.

Minhas crenças são o resultado de 30 anos de reflexão, aprendizado e prática. Nessa jornada pessoal, extraí ideias, conhecimento e inspiração da obra de grandes pensadores, pesquisadores e praticantes. São crenças, portanto, fundamentadas em pesquisa, investigação espiritual e sabedoria de terceiros. Mas também venho formando e testando essas crenças na vida real, por meio da transformação das companhias que liderei. Observei e aprendi de fontes esperadas e inesperadas, entre elas grandes líderes, colegas de trabalho, mentores, família e amigos, bem como quadrinhos franceses e muitos filmes populares. O líder que me tornei é um amálgama e um emaranhado de milhares de ideias extraídas de milhares de lugares, algo que este livro reflete. É como *realmente funciona*. A ideia do líder por natureza, um super-herói com aptidões inatas, é um mito. O que é real é um coach executivo lhe mostrando suas falhas, um colega apontando uma verdade de modo tão claro e sucinto que você jamais esquecerá ou um funcionário da linha de frente indicando quanto você ainda precisa aprender sobre a vida de pessoas diferentes. Ao longo deste livro você encontrará histórias assim, pois elas me forjaram como líder e são uma parcela significativa do que tenho para compartilhar.

Embora se baseie em minha experiência, este não é um livro de memórias. Tampouco é um relato detalhado da reestruturação e transformação da Best Buy ou de qualquer outra empresa que liderei – embora contenha várias dessas histórias. Este livro é a articulação de princípios-chave de liderança para a próxima era do capitalismo e de como colocá-los em prática tanto em tempos prósperos quanto nos mais difíceis. Tais princípios são destilados de minha jornada, minha experiência profissional (não apenas na Best Buy) e leituras.

Esses princípios-chave de liderança e sua aplicação se desdobram ao longo das quatro partes do livro. Para mudar nossa visão de negócios, precisamos começar mudando a visão que temos da natureza do trabalho. **A Parte 1 oferece uma alternativa muito mais inspiradora e positiva do que a visão tradicional sobre o assunto.** Trabalho não é uma maldição ou algo que você precisa terminar para então começar outra coisa. Ele pode ser parte de nossa busca por significado e de nossa realização como seres humanos.

A Parte 2 examina por que a visão tradicional de que o propósito primordial das empresas consiste em maximizar o valor para o acionista é errada, perigosa e inadequada ao ambiente de hoje. O propósito das empresas deve ser contribuir para o bem comum e servir a *todas* as partes interessadas de maneira harmoniosa. E, para isso, precisam ser analisadas como organizações humanas, formadas por indivíduos que trabalham juntos por um propósito inspirador comum – que Lisa Earle McLeod chama de "propósito nobre".[1] Na arquitetura de uma nova abordagem dos negócios, um propósito nobre é a razão de ser das corporações e as pessoas estão no centro de toda atividade econômica.

Após reposicionar o propósito do trabalho e o papel e a natureza das empresas, **apresento na Parte 3 a dimensão humana que impulsiona essa arquitetura e mostro como acionar o que chamo de *mágica humana*.** Para isso, é preciso criar um ambiente capaz de energizar cada indivíduo que trabalha na empresa, levando a um desempenho tão extraordinário que gosto de chamá-lo de *desempenho sobrenatural*.

Por fim, a **Parte 4 detalha as qualidades de liderança necessárias para unir tudo isso**: os cinco "Seja" do líder com um propósito. Os líderes de hoje precisam ser imbuídos de propósito, ser claros quanto a quem estão servindo, ser conscientes de seu verdadeiro papel, ser movidos por valores e ser autênticos.

Se a excessiva busca por lucro como principal objetivo das empresas o deixou desencantado ou desestimulado, este livro é para você. Se está buscando uma perspectiva alternativa que ajude a fazer dos negócios uma autêntica força para o bem, este livro é para você. Se busca liderar – em qualquer nível – com propósito e humanidade para gerar um desempenho extraordinário que beneficie todas as partes interessadas, este livro é para você. E, se quer compreender melhor como propósito e conexão humana levam a um sucesso a longo prazo que desafia expectativas racionais, este livro é para você.

Espero ajudar líderes de todos os níveis corporativos – e quem quer que procure uma vida significativa, impactante e alegre no mundo dos negócios – em sua jornada para se tornarem líderes mais eficazes. Espero que este livro ajude a transformar o mundo e os negócios em algo melhor.

PARTE 1

O SIGNIFICADO DO TRABALHO

Por que trabalhamos? Por poder? Por fama? Glória? Dinheiro? Ou para sermos úteis? Para fazermos diferença no mundo? Ou porque precisamos, pois só assim podemos fazer outras coisas? A resposta a essa pergunta, que varia de pessoa para pessoa, vai influenciar nossa postura em relação ao trabalho e nosso nível de dedicação a ele. O trabalho pode ser parte de nossa busca por sentido e de nossa realização como seres humanos. Se cada um de nós mudar a forma como enxerga a natureza do trabalho – não mais como um fardo, mas como uma oportunidade –, poderemos começar a transformar o mundo dos negócios.

1

A maldição de Adão

O trabalho é um mal necessário a ser evitado.
— Mark Twain

Em junho de 2012, pouco depois de dizer a Jim Citrin que ele estava louco, mas ainda antes de assumir a Best Buy, fui a uma loja da rede em Edina, subúrbio de Minneapolis, como cliente oculto. Era parte da minha "diligência prévia" pessoal, em busca de conhecer a empresa. Não há modo melhor de tomar a temperatura de um varejista enfermo do que visitar uma loja e comprar alguma coisa.

Assim que passei pela porta, me vi numa caverna desoladora, escura e deserta. Havia poucos clientes lá dentro. Circulei por um tempo pelos corredores empoeirados, sem ser atendido, até enfim passar por três ou quatro vendedores, que usavam as características camisas azuis da Best Buy. Estavam ocupados conversando entre si, sem o menor interesse em descobrir o que eu estaria procurando e como poderiam me ajudar.

Eu tinha decidido que minha experiência de compra seria uma película de proteção para a tela do meu celular. É um negócio que acho difícil de aplicar e sempre penso que vou fazer errado. Assim, peguei uma película na prateleira e me aproximei dos camisas azuis, interrompendo sua conversa para perguntar se eles poderiam aplicá-la para mim. Sim, responderam eles, sem muita energia. Fariam isso. Por 18 dólares.

Fiquei perplexo. Dezoito dólares? Sério? Seria melhor ter comprado on-line. Teria me poupado o dinheiro e o trabalho de ir até ali.

Imaginei que aquela atitude dos vendedores fosse uma política da empresa. Podia até ver a gerência dizendo que precisavam aproveitar qualquer chance de arrancar dinheiro de todo cliente.

Para mim, a experiência de compra foi um fiasco. A falta de comprometimento dos vendedores era chocante. Eles estavam apenas existindo ali, fazendo o mínimo do mínimo, só respondendo às minhas dúvidas quando solicitados. Claramente, não tinham interesse algum em começar uma conversa comigo para investigar de que mais eu poderia estar precisando. A simples transação de comprar uma película de celular e aplicá-la me pareceu algo extremamente custoso. Sim, eles me ajudaram, mas era nítido que o trabalho daquelas pessoas não lhes dava satisfação, e sua atitude e o modo como desempenharam sua função não inspiraram nem um pouco o cliente – no caso, eu.

Alguns dias depois, visitei outra loja da Best Buy perto da sede, em Richfield. Dessa vez, meu plano era comprar um celular. O início foi promissor: a loja era mais clara e não parecia empoeirada. E, o que é melhor, encontrei um aparelho LG com flip pelo esplêndido preço de 0 dólar (isso foi numa época em que varejistas ganhavam recompensas de operadoras por atraírem novos assinantes de planos de telefonia e, como atrativo, ofereciam aparelhos grátis). A equipe do departamento foi gentil. Depois de pedir ao vendedor que ativasse o chip, inclusive para chamadas internacionais, fui embora satisfeito. Quem sabe minha experiência na loja de Edina não tivesse sido uma infeliz exceção?

Naquela tarde, porém, tentei ligar para minha filha, na França, usando meu celular novo e não consegui. O aparelho não me permitiu fazer ligações internacionais. Isso me levou ao mundo kafkiano do serviço ao consumidor. Primeiro liguei para a loja e pedi para falar com o departamento de telefonia móvel. Ninguém atendeu. Tentei então o *call center*, mas o representante não pôde me ajudar. Acabei tendo que voltar à loja. Para mim, foi um caso clássico de uma empresa mais interessada em vender um produto do que em genuinamente ajudar seus clientes.

Era um tiro nos dois pés ter na linha de frente pessoas que haviam perdido a capacidade ou a motivação para realmente se envolver com os clientes e atender a suas necessidades.

O descomprometimento com o trabalho é uma epidemia global

Infelizmente, os camisas azuis que encontrei em minhas experiências como cliente oculto em 2012 não estão sozinhos. A maioria das pessoas, no mundo todo, se mostra indiferente – quando muito – ao trabalho que faz ou à empresa para a qual trabalha. Seu emprego não as energiza e, consequentemente, elas não se sentem motivadas a dar o melhor de si em esforço, energia, atenção ou criatividade. No intuito de dar números exatos a essa epidemia, o Instituto de Pesquisa ADP realizou uma sondagem com mais de 19 mil trabalhadores em 19 países. O resultado foi que apenas 16% das pessoas estão "realmente comprometidas" com o trabalho. Dos entrevistados, 8 em cada 10 disseram meramente aparecer para trabalhar. Um número impressionante. Embora esse nível varie de país para país, o fenômeno é claramente de âmbito mundial.[1]

Trata-se de uma tragédia de potencial pessoal não realizado, pois passamos parte significativa da nossa vida no trabalho. Muito talento e muita energia ficam inexplorados. A milhões de pessoas é negada a oportunidade de se inspirar no trabalho, progredir e ser o melhor que puderem ser.

É também uma tragédia de potencial econômico não realizado, pois todos os estudos confirmam que o comprometimento melhora a produtividade, reduz a rotatividade, aumenta a satisfação do consumidor e a lucratividade da empresa e até reduz o índice de acidentes no trabalho. Estima-se que essa epidemia custe 7 trilhões de dólares em perda de produtividade.[2] Assim como os funcionários da Best Buy que encontrei na loja de Edina, a maioria das pessoas bate o ponto e faz o mínimo necessário. O que investem em energia, criatividade, intelecto e emoções é uma mísera fração do seu real potencial.

Sei como é isso. Quando eu era adolescente, trabalhei por alguns meses de verão na oficina de uma concessionária da BMW em minha cidade natal, na França. Meus talentos em mecânica são, no máximo, limitados e eu não tinha interesse nem aptidão reais para o emprego. Só estava precisando de dinheiro. Os dias eram longos e enfadonhos. Eu era incapaz de fazer algo útil (e, para ser honesto, nem tentava). O ponto alto do meu dia era levar o lixo para fora, porque então podia sair da oficina e demorar bastante para voltar. Eu era um preguiçoso e vivia fugindo de trabalho.

Algumas semanas depois, fui demitido. Um começo pouco auspicioso para minha vida profissional.

O verão seguinte não foi muito melhor. Na época, eu queria uma bicicleta nova. Para comprá-la, precisava de dinheiro. Mais uma vez, trabalhar era um meio para alcançar um fim. Um mal necessário. Fui admitido numa mercearia não longe de casa, onde passava o dia inteiro colando etiquetas de preço em enlatados em troca de um salário mínimo. Uma por uma, tirava as latas da caixa, aplicava o preço com a maquininha e as colocava na prateleira junto da anterior. E repetia. E repetia. E repetia. Vagem. Milho. Tomate. Eu sentia cada minuto de cada hora se prolongar até o infinito. Não tinha contato com os fregueses, que perambulavam pelos corredores fazendo suas compras. Minhas únicas interações humanas eram com colegas que realizavam tarefas mecânicas semelhantes e se mostravam tão infelizes e alheios como eu. Não recebi treinamento de nenhum tipo, até porque quase não via e muito menos falava com algum gerente. Não havia alma. Meu único propósito era ganhar algumas centenas de francos para poder comprar minha bicicleta e dar o fora dali o mais depressa possível.

Minha sorte é que fui atropelado. Eu estava levando caixas vazias para a área aberta nos fundos da loja, onde seriam compactadas, quando um avião passou lá no alto. O operador da empilhadeira olhou para o céu, se distraiu e deu marcha a ré bem em cima de mim. A lesão no cóccix me rendeu uma licença médica até o fim do verão, e foi assim que consegui minha bicicleta ficando em casa sem fazer nada. Adeus, enlatados! Fiquei muito feliz.

Até hoje me lembro de ficar pensando, enquanto estava de molho, que um dia ia gerenciar pessoas. E prometi a mim mesmo que, quando esse dia chegasse, eu me lembraria de como é trabalhar num emprego como aquele. O vazio e a sensação de desconexão. A indiferença para com a empresa, sem me importar se o negócio estava indo bem. As tarefas vazias, maçantes. Estar tão descomprometido a ponto de levar uma eternidade para tirar o lixo e comemorar ter sido atingido por uma empilhadeira, pois assim me afastaria do trabalho. Também prometi a mim mesmo fazer tudo que estivesse a meu alcance para que os trabalhadores na linha de frente não se sentissem assim.

Imagine o que seria possível se, em vez de menos de 20%, mais de 80% das pessoas dessem o melhor de si. Unidades de negócio líderes em nível de comprometimento são 17% mais produtivas e 21% mais lucrativas do que aquelas que definham lá embaixo.[3] Múltiplos estudos já confirmaram que funcionários mais comprometidos e mais felizes influenciam diretamente o faturamento e o valor das ações.[4,5]

Além de serem mais produtivos e tratarem melhor clientes, colegas e fornecedores, as pessoas que relatam estar totalmente comprometidas com o trabalho têm também 12 vezes menos probabilidade de deixar seu emprego.[6] Isso independe do setor de atividade ou da função.[7] Funcionários comprometidos têm também uma probabilidade de 25% a 50% menor de se lesionarem.[8]

Se o comprometimento tem tantos benefícios, o que explica o descomprometimento global? A resposta começa com a visão que temos do próprio trabalho.

O trabalho como um fardo

Tradicionalmente, o trabalho é visto como uma obrigação, uma maldição, até mesmo um castigo. No melhor dos casos, é um meio para alcançar um fim: algo que é preciso terminar para então começar a fazer outra coisa. As pessoas ganham dinheiro para poder pagar as contas, sair de férias e um dia se aposentar.

Quando eu era presidente da Electronic Data Systems (EDS), na França, experimentei as consequências práticas dessa perspectiva. A companhia estava encarregada dos sistemas de tecnologia para a Copa do Mundo de futebol de 1998, sediada no país, desde a emissão de bilhetes e crachás até a transmissão pela TV e a segurança. Tínhamos 80 pessoas envolvidas no projeto. Cada membro da equipe estava entusiasmado, ansioso por garantir que bilhões de pessoas aproveitassem de fato a Copa do Mundo, presencialmente ou pela TV. Era um projeto dos grandes: um ano antes do evento, testamos nosso sistema durante um torneio menor de futebol, também na França. Sabendo do árduo caminho até o grande torneio do ano seguinte, nossos engenheiros de sistemas trabalharam 51 horas naquela semana para deixar tudo certo. Na França, no entanto, essas 51 horas ultrapassam o limite legal de trabalho semanal. Mesmo se tratando de apenas uma semana e mesmo se tratando de futebol, isso é ilegal. Essas leis foram criadas para proteger o cidadão de trabalho excessivo em uma era mais industrial, quando as tarefas eram mais pesadas fisicamente, mas permaneceram porque ainda encaramos o trabalho como uma atividade difícil e penosa – um fardo. Como presidente da companhia, eu era o responsável legal, portanto tive que pagar uma multa.

O conceito de trabalho como maldição se originou na Grécia Antiga, se manteve ao longo da Revolução Industrial e ainda hoje impacta o modo como a sociedade tende a pensar e se sentir quanto ao trabalho. Isso pode ter começado com Zeus castigando Sísifo com a tarefa eterna e sem sentido de empurrar um pedregulho montanha acima só para vê-lo rolar depois montanha abaixo. Os gregos antigos consideravam o trabalho degradante, um percalço no caminho da vida ideal, que seria dedicada à contemplação e à aquisição de conhecimento.[9] Os romanos tinham uma visão semelhante.[10] E a palavra francesa para trabalho – *travail* – deriva de uma palavra latina que designa um instrumento de tortura.

No cristianismo, a visão do trabalho não é nem um pouco mais bela. Adão foi expulso do Éden e forçado a uma vida de trabalho duro como punição por ter desobedecido à ordem de Deus de não comer da árvore do conhecimento e do mal.[11] E Eva? Foi punida também, com um parto doloroso – um "trabalho" de parto.

A Revolução Industrial trouxe uma nova forma de trabalhar – e novas dificuldades. O trabalho era longo e penoso. Mineradores cumpriam turnos extenuantes, respiravam pó de carvão e submetiam-se ao risco de explosões. Operários da indústria têxtil perdiam dedos em teares mecânicos. As pessoas trabalhavam de 14 a 16 horas por dia, seis dias por semana, sem folga e por uma remuneração baixa. Morriam jovens. Embora o economista Adam Smith considerasse o trabalho a fonte definitiva da riqueza das nações, sua conclusão quanto ao que isso significava para o homem trabalhador (Adam Smith parecia não pensar muito em mulheres trabalhadoras) era bem sombria: levava ao "torpor da mente".[12] Em resumo, o trabalho era bom para a coletividade, mas terrível para os indivíduos.

Então Frederick Taylor, um jovem supervisor numa siderúrgica, descobriu, observando a fabricação de placas de aço, como produzir aço de alta resistência mais depressa. A partir da segmentação implementada, o trabalho industrial se tornou, ainda que mais eficiente, extremamente entediante, e os operários foram reduzidos a engrenagens sem rosto de uma máquina que tudo consome.

Essa é a visão do trabalho industrial retratada no filme *Tempos modernos*, de 1933, em que o personagem de Charles Chaplin começa a trabalhar numa linha de montagem e passa a apertar porcas cada vez mais rápido, até pifar e ser engolido pelas engrenagens de uma máquina gigantesca. O próprio Taylor observou que trabalhadores que exerciam funções repetitivas eram desmotivados e faziam o mínimo possível. E, é claro, Karl Marx percebeu que, quando não têm controle sobre o que produzem e como produzem, as pessoas são alienadas de sua natureza humana essencial.

Objetivamente, é fácil entender por que o trabalho não era considerado algo bom.[13] Nessa visão predominante, o trabalho é algo que se faz para poder experimentar a vida real, que só acontece depois que termina o expediente ou a semana de trabalho. Nada divertido!

Um mundo novo, um problema persistente

O ambiente econômico – e, portanto, a natureza do trabalho – vem passando atualmente por uma transformação radical no mundo inteiro. Há quem a chame de quarta revolução. Outros, como o general Stanley McChrystal, afirmam ser um mundo VUCA, acrônimo inglês para volátil, incerto, complexo e ambíguo.[14] Em virtude do desenvolvimento tecnológico cada vez mais veloz e das normas sociais em transformação, aspectos como agilidade, inovação, colaboração e velocidade se tornaram mais valiosos do que processos padronizados e planejamento a longo prazo.

Como resultado, a natureza do trabalho mudou. Esforço físico excessivo, repetição maçante *à la* Chaplin, empilhadeiras atropelando adolescentes: tudo isso vem declinando à medida que tarefas rotineiras são automatizadas. Meu trabalho de verão na mercearia, por exemplo, está sendo substituído por etiquetas de preço eletrônicas, que são atualizadas num piscar de olhos graças a um computador central. Mesmo em fábricas, na agricultura e em outras áreas tradicionalmente extenuantes, as exigências físicas têm diminuído. As economias tendem cada vez mais para serviços e trabalhos criativos. Hoje, dois terços de todos os postos de trabalho nos Estados Unidos exigem formação de nível superior (em 1973, esse número era de apenas 28%), sendo liderança, boa comunicação e habilidade analítica as competências mais valorizadas.[15]

No entanto, embora a natureza do trabalho tenha evoluído muito rápido, nossa visão a respeito dele permanece teimosamente a mesma: se não uma maldição, no mínimo um mal necessário. Em certa medida, sua atividade atual influencia sua visão em relação ao trabalho. Eu mesmo me senti muito mais comprometido mais tarde em minha carreira do que quando colava etiquetas de preço em comida enlatada. O índice de altos executivos e outros profissionais especializados que se dizem comprometidos é maior do que, digamos, o de operários em linhas de montagem. Mas a natureza do trabalho em si não influencia o comprometimento tanto quanto se esperaria. Menos de um quarto de diretores ou vice-presidentes de empresas está totalmente envolvido com o que fazem, e isso não é muito diferente em outras funções. Também há pouquíssima diferença entre gerações: os *millennials* não se mostram significativamente mais nem menos comprometidos do que os *baby boomers*.[16] Tudo isso nos mostra que há uma margem enorme para melhoria em todos os níveis, e acredito que é possível se comprometer com o trabalho em todos os tipos de função.

. . .

Em 2019, fui convidado para falar num encontro de altos executivos da G100 Network. Durante o evento, um participante comentou comigo que, até algum tempo antes, achava totalmente frustrante fazer compras na Best Buy. A experiência dele espelhava a minha aventura como cliente oculto em 2012. Mas depois ele me disse que ficara chocado numa ida recente a uma das nossas lojas: tinha achado os camisas azuis genuinamente interessados em ajudá-lo da melhor forma e em oferecer um serviço e uma experiência excelentes.

Como havíamos conseguido isso?, ele quis saber. A Best Buy tinha trocado toda a sua força de vendas? Havia recrutado novos tipos de pessoa, com genes de atendimento ao consumidor? Ou desenvolvera um novo sistema de incentivos, talvez?

Minhas respostas foram simples: não, não e não. Não tinha havido um êxodo forçado de atendentes nem tínhamos descoberto nenhuma fórmula milagrosa de incentivos. Afora a rotatividade natural, eram os mesmos funcionários.

O que fizemos para mudar a experiência de compra dele e dos outros clientes foi despertar o enorme potencial que permanece adormecido quando as pessoas apenas aparecem para trabalhar ou mesmo odeiam seu emprego. O que fizemos foi transformar um grande número de pessoas descomprometidas em colaboradores comprometidos, inspirados a cuidar bem de seus clientes.

Como?

É disso que trata o restante deste livro. Tudo começa com a maneira como cada um de nós vê o trabalho e os seres humanos que o realizam.

Para refletir

- Você já sentiu que seu trabalho era maçante e desinteressante?
- Quando foi isso?
- Por que você se sentia assim?

2

Por que trabalhamos

Trabalho é amor tornado visível.
– Gibran Khalil Gibran, "Sobre o trabalho"

Imagine este cenário: Jordan é um menino de 3 anos cujo brinquedo favorito é um dinossauro que ganhou no Natal. Infelizmente, a cabeça do bicho quebrou. O garotinho está arrasado, em prantos. A mãe o leva à loja de brinquedos (o mesmo local onde Papai Noel comprou o dinossauro, mas Jordan não sabe disso) e explica a situação a dois vendedores.

Funcionários descomprometidos vão direcionar a mãe de Jordan para as prateleiras de brinquedos e deixar que ela encontre um substituto. No melhor dos casos, Jordan ganha um novo dinossauro, mas tem que jogar no lixo o brinquedo antigo que ele tanto ama. Os vendedores ficam aliviados quando eles vão embora e estão ansiosos pelo fim do expediente.

Isso seria uma situação comum. Mas e se houvesse uma alternativa? E se optássemos por ver o trabalho não como uma maldição, mas sob uma luz totalmente diferente? E se a escolha que fizermos, entre essas duas visões, tiver grande influência em nosso envolvimento com o trabalho?

Podemos optar por tratar o trabalho como sinto que ele é: parte essencial da nossa humanidade, um elemento crucial em nossa busca individual por significado e um caminho para a realização. Como bem definiu o poeta Khalil Gibran num poema dedicado ao tema, trabalho é amor tornado visível:

"Sempre vos disseram que o trabalho é uma maldição, e a labuta, um infortúnio.
Mas eu vos digo que, quando se trabalha, realiza-se parte do sonho mais avançado da terra, atribuído a vós quando o sonho nasceu,
E, ao vos manterdes com trabalho, estais na verdade amando a vida,
E amar a vida por meio do trabalho é ser íntimo do segredo mais recôndito da vida."[1]

Essa perspectiva definiu minha relação pessoal com meu trabalho. Como CEO, minha missão incluía estimular cada indivíduo na Best Buy a refletir sobre como é sua relação com o seu.

O trabalho é parte da nossa busca humana por sentido

Nem sempre pensei dessa maneira tão positiva. Minha perspectiva começou a mudar no início da década de 1990, quando dois amigos me convidaram para escrever com eles alguns artigos sobre a filosofia e a teologia do trabalho. Era um tema de grande interesse para mim, por isso aceitei.

Comecei a pesquisar o assunto. O que a Bíblia tinha a dizer sobre trabalho? Era uma época pré-internet, então me vali de um guia bíblico que, convenientemente, listava todas as passagens do Antigo e do Novo Testamento que falavam sobre trabalho. Algumas, é claro, eu conhecia – por exemplo, quando os humanos foram punidos por se comportarem mal no paraíso: a maldição de Adão. Porém, como nunca tinha lido a Bíblia inteira (muito menos por esse ângulo), o que descobri me surpreendeu.

A maioria das passagens lançava sobre o trabalho uma luz completamente diferente da narrativa da maldição. Uma após outra, as histórias tratavam de uma questão central: por que trabalhamos? A maioria das respostas não tinha a ver com pecado e penitência. Na verdade, o trabalho era retratado sob uma luz muito mais positiva, e minha busca me levou a uma conclusão que eu não esperava: o trabalho é um elemento fundamental daquilo que nos faz humanos.

Foi uma descoberta muito feliz. Como a maioria das pessoas na Europa, eu tinha sido influenciado pela arraigada perspectiva coletiva de que o trabalho é algo ruim a ser suportado por aqueles que têm o azar de depender dele para se sustentar e a ser evitado pelos poucos sortudos que podem se permitir isso. É difícil escapar das tradições seculares que permeiam nosso tecido social. Mas minha pesquisa foi revelando outro ângulo: uma visão positiva e edificante que falava à essência de quem somos enquanto seres humanos. Sim, Adão e Eva foram punidos pelo pecado original, mas o castigo não foi o trabalho. Foi a dor. O castigo, embora desagradável, não mudou fundamentalmente a natureza do trabalho como elemento essencial da nossa humanidade.

Eu encontrava esse tema em toda parte. Segundo o Gênesis, o próprio Deus trabalhou por seis dias para criar o céu e a terra. Depois, Ele deu aos humanos o domínio sobre a terra, inclusive sobre as plantas e os animais, de modo que a fizessem florescer. Era por isso que Adão estava trabalhando: "para cultivar e cuidar do paraíso".[2] Vale destacar que, ainda segundo minhas leituras bíblicas, a realização mediante o trabalho vem de fazer algo bom para os outros – e, dessa maneira, contribuir para o bem comum. Além disso, o trabalho é representado como algo que encerra um profundo significado espiritual, não como algo que fazemos para atender a necessidades básicas.

Em minha família, fui exposto aos "ensinamentos sociais" da Igreja Católica. A partir da segunda metade do século XIX, a Igreja passou a articular seu ponto de vista sobre as "Rerum Novarum", isto é, as "coisas novas" associadas ao desenvolvimento econômico.[3] Esses escritos confirmaram a ideia de que o trabalho define nossa humanidade. Segundo o papa João Paulo II, "O trabalho humano não apenas provém da pessoa, mas também, essencialmente, lhe é ordenado e tem na pessoa humana seu objetivo final".[4]

Ao longo da minha contínua investigação e durante minhas viagens, aprendi que essa perspectiva positiva, espiritual e humanística não estava limitada ao catolicismo – nem ao cristianismo, aliás. Os reformistas protestantes, por exemplo, abraçaram o conceito de trabalho como fonte de alegria e de realização, uma mudança de paradigma radical após séculos de desprezo pelo trabalho produtivo e manual. Para Martinho Lutero e João Calvino, todo trabalho produtivo, não só esforços espirituais ou religiosos, deveria ser considerado uma vocação ou um chamado, um modo de servir a Deus e à sociedade[5] e de exercitar os talentos que Deus nos dá. Outras religiões muito genericamente veem o trabalho como um modo de beneficiar não apenas a si mesmo, mas a outros também. Algumas interpretações do islã, por exemplo, consideram o trabalho um serviço aos outros, algo que vai além de atender às próprias necessidades.[6] O hinduísmo tem uma visão semelhante, do trabalho como serviço.[7]

O entusiasmo da tradição protestante com o trabalho, por exemplo, me impactou quando me mudei para os Estados Unidos pela primeira vez, em 1985. Na época, eu trabalhava como consultor para a McKinsey & Company e me transferi de Paris para o escritório de São Francisco, onde encontrei uma mentalidade e uma energia positivas. Os profissionais que conheci, desde empresários no Vale do Silício até pesquisadores da área médica e acadêmicos de Stanford ou Berkeley, falavam apaixonadamente sobre seu trabalho. Em vez de lamentar os desafios, ficavam animados ao encontrar novos problemas, que encaravam como oportunidades. O trabalho não era algo a ser suportado; na verdade, era uma coisa boa, um modo de desenvolver o intelecto e a criatividade. Era um instrumento para a "busca da felicidade". Era a própria essência do sonho americano.

Com o tempo, entendi que essa visão positiva não se limita à religião. Sociólogos também consideram o trabalho uma parte essencial da nossa humanidade. Praticamente ninguém consegue viver sem relações humanas (por isso o confinamento solitário é considerado uma forma de tortura), e o trabalho é um modo de alimentar essas relações. Por meio do trabalho somos parte de uma rede de interações humanas, lidando com colegas, clientes, fornecedores e tantos outros. É duro perder um emprego – já se demonstrou que uma demissão pode ser mais angustiante que um divórcio[8] –, não só pela dificuldade financeira que acarreta mas também porque afeta nossa autoestima e, mais grave ainda, nos alija dessa rede de conexões sociais.

A psicologia também vê o trabalho por um prisma positivo. Um dos livros mais marcantes que já li foi *Em busca de sentido*, de Viktor Frankl, um psiquiatra austríaco judeu que sobreviveu a vários campos de concentração durante a Segunda Guerra. Sua esposa, grávida, não sobreviveu, nem seus pais, nem seu irmão. Frankl descobriu o seguinte: pessoas que, de algum modo, haviam encontrado significado em sua terrível experiência e em seu sofrimento tiveram mais chance de sobreviver. Em sua luta para se manter vivo, Frankl evocava pensamentos sobre a esposa e sonhava com conferências que faria depois da guerra para falar sobre o que aprendera a respeito da psicologia nos campos de concentração.

A vida, concluiu ele, não é a busca de prazer ou poder. É a busca de sentido, que é, afinal, o caminho para a realização e a felicidade. De acordo com ele, podemos encontrar sentido em três esferas: trabalho, amor e coragem. As três, na verdade, frequentemente convergem. Fazer algo significativo por meio do trabalho muitas vezes envolve cuidar de outros e superar adversidades.

A importância do trabalho como parte da nossa busca de sentido não é uma ideia puramente abstrata. Quando eu liderava a Carlson Wagonlit Travel, que presta serviços de gerenciamento de viagens corporativas, vivenciei pela primeira vez a universalidade da ideia de trabalho como "servir ao outro". Lá, eu via equipes formadas por pessoas de toda parte do mundo, inclusive de países que lutaram entre si ao longo da história (Índia, China, Japão, Rússia, Polônia, França, Alemanha), trabalhando juntas harmoniosamente a serviço de nossos clientes globais, que incluíam Accenture, Alcatel e General Electric.

Essa busca também transcende gerações. Quando perguntaram a adolescentes o que seria muito importante para eles quando fossem adultos, 95% dos entrevistados pela Pew Research Center mencionaram um emprego ou uma carreira de que gostassem, escolha que ficou acima de qualquer outra, inclusive de ajudar pessoas necessitadas, possuir muito dinheiro ou ter filhos.[9] Uma pesquisa do Gallup confirmou que encontrar um propósito no trabalho tem importância gigantesca para os *millennials*.[10]

Esse fenômeno vai além das gerações mais jovens. O escritor David Brooks alega que a vida costuma ter a forma de duas montanhas: no início de sua carreira, as pessoas vão atrás de sucesso profissional e financeiro, assim como de felicidade pessoal (a primeira montanha), mas se sentem insatisfeitas quando chegam ao topo. Mais tarde, elas embarcam numa segunda escalada, dessa vez focada em descobrir sentido e propósito em torno de família, vocação, comunidade e filosofia ou fé.[11]

Nos idos de 2004, eu sentia que havia chegado ao topo da minha "primeira montanha". Minha carreira ia bem. Tinha passado vários anos produtivos na McKinsey como consultor e, depois, como sócio. Após deixar a consultoria para liderar um negócio, conduzi a reestruturação de duas companhias: a EDS francesa e a divisão de videogames da Vivendi. Tinha participado da equipe de executivos que reconstruiu a Vivendi. Estava com 40 e poucos anos e podia me orgulhar de certo grau de realização profissional. Mas do topo daquela montanha eu via uma paisagem desolada. A ideia de sucesso que eu vinha perseguindo se mostrava oca e eu me sentia desiludido, vazio. Também estava com problemas no casamento. Senti que precisava dar um passo para trás e passar algum tempo contemplando minha alma a fim de encontrar uma direção melhor para minha vida.

Descobrindo nosso propósito

Por alguma maravilhosa coincidência, um ex-cliente me convidou a embarcar com um grupo de outros executivos seniores nos exercícios espirituais de Inácio de Loyola, o fundador da Companhia de Jesus. Distribuímos ao longo de dois anos um programa que costuma ser um processo intensivo de quatro semanas. Os exercícios, que têm como base a contemplação, o autoexame e a prática diária sob a orientação de um diretor espiritual, inspiraram muitas outras ordens religiosas, bem como práticas de psicólogos e de coaches. O programa me ajudou a redescobrir o que era importante na minha vida e, com o tempo, a cristalizar minha vocação: fazer a diferença para as pessoas à minha volta e usar a plataforma ao meu alcance para contribuir para o mundo. Refinar esse propósito e me manter conectado com ele são práticas diárias que realizo até hoje.

Há diversas maneiras de fazer essa jornada e descobrir seu propósito, e vou mencionar algumas que achei especialmente eficazes. Em *Discover Your True North* (Descubra seu verdadeiro norte), Bill George destaca a importância de *provações* para definir qual será o propósito da vida de alguém.¹² Em seu livro *Aligned* (Alinhados), a coach executiva Hortense le Gentil ensina uma série de técnicas que usa com seus clientes, desde escrever o próprio epitáfio e relembrar sonhos de infância até compreender o que lhes dá energia.¹³

Outra técnica útil é a abordagem do escritor Andrés Zuzunaga para descobrir seu propósito na convergência de quatro elementos: o que você ama, em que você é bom, de que o mundo precisa e o que pagariam para você fazer. Isso costuma ser descrito (equivocadamente) como a representação do conceito japonês de *Ikigai*, que na verdade diz respeito a descobrir valor no cotidiano.

Seja qual for a ferramenta que você use, o objetivo é o mesmo: identificar o que lhe dá energia, o que o impulsiona, o que você almeja mais verdadeira e profundamente e o que resiste ao teste do tempo.

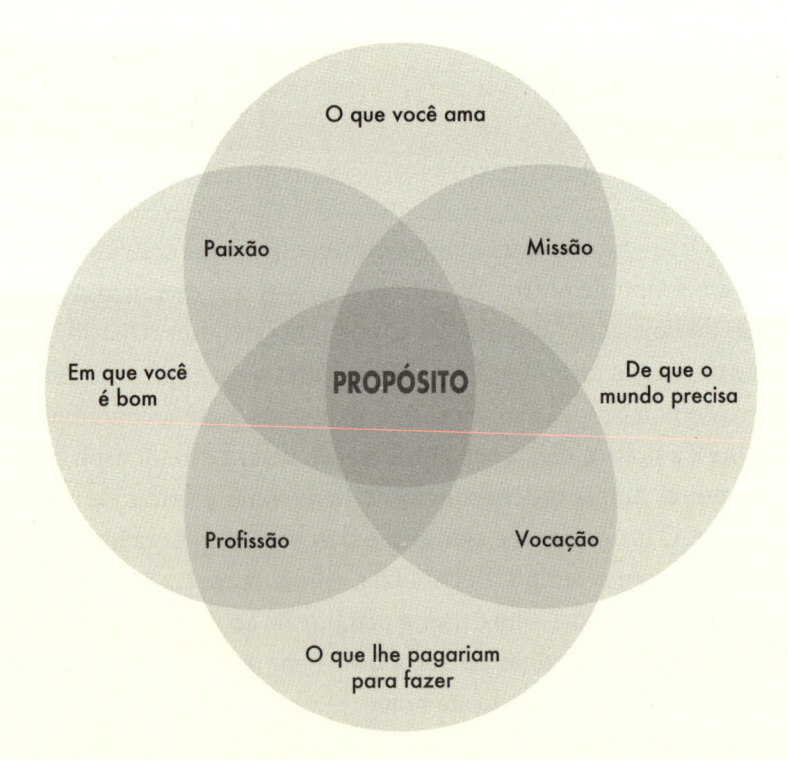

Um alerta: saiba que, ao explorar seu propósito, talvez você encontre algumas armadilhas no processo.

Armadilha 1: Um dia terei uma súbita revelação e meu propósito ficará claro. A busca por sentido é, na verdade, um trabalho contínuo. Ansiamos por descobrir *o* propósito – *o* trabalho dos nossos sonhos, que trará a resposta à nossa busca por propósito e a promessa de felicidade eterna.[14] No entanto, o mais provável é que não apareça nenhuma princesa ou príncipe encantado. Eu já estava com mais de 40 anos e refletia sobre meu propósito fazia tempos quando deparei com uma formulação sólida.

Armadilha 2: Um propósito envolve necessariamente atividades nobres. Se isso fosse verdade, todos nós precisaríamos trabalhar com caridade ou assistência médica a fim de encontrar um propósito ou sentido em nossa vida. Sem dúvida, a caridade e o serviço médico constituem impactantes exemplos de propósito. Pensemos, por exemplo, na GreatCall, que a Best Buy adquiriu em 2018: é uma empresa que permite a pessoas idosas continuar morando em seus lares por meio do monitoramento remoto de sua saúde, o que é possível graças a sensores espalhados por toda a casa. O serviço se apoia em agentes cuidadores altamente qualificados, capazes de prover assistência em situações de emergência. Se os sensores mostrarem, por exemplo, que a geladeira não está sendo aberta com frequência suficiente ou que a pessoa monitorada não está se levantando da cama, os agentes podem intervir. Quando começamos a analisar a GreatCall como negócio, ficamos chocados em saber que a taxa de evasão de funcionários não chegava sequer a 2%. Na maioria dos *call centers*, o rodízio fica acima de 100% por ano. Afinal, é um trabalho desgastante atender às queixas dos clientes e muitas vezes estar de mãos atadas. A GreatCall é uma exceção impressionante porque os funcionários sabem que estão salvando vidas.

No entanto, não é preciso salvar vidas para encontrar significado e propósito no que fazemos. Isso é possível em todo tipo de trabalho. Você pode pensar: "É fácil falar, com seu emprego de colarinho-branco confortável e bem pago." Mas acredito que essa afirmação vale para todos os níveis. Gosto muito da história de dois construtores da Idade Média que realizavam exatamente as mesmas tarefas. Um dia, perguntaram a eles como era seu trabalho. "Não está vendo? Estou cortando pedras", respondeu o primeiro, enquanto o segundo adotou uma visão totalmente diferente: "Estou construindo uma catedral." Temos a chance de escolher nosso propósito e considerar como nosso trabalho se conecta com esse propósito, seja qual for nosso ganha-pão. Zeladores de zoológico, por exemplo, poderiam fazer como o primeiro construtor da história e considerar seu trabalho enfadonho e maçante, até mesmo sujo – quatro em cada cinco desses profissionais, que têm grau universitário, passam uma parte significativa de seu dia limpando fezes, raspando assoalhos e alimentando animais. Porém poucos deixam seu emprego, porque a maioria escolhe considerar seu trabalho uma vocação pessoal para cuidar de animais.[15] E são felizes assim. Constatou-se que a maioria esmagadora dos zeladores de zoológico estaria disposta a sacrificar remuneração, tempo livre, progresso e conforto – o que não significa que possamos utilizar o propósito como desculpa para exigências excessivas e remuneração precária.

Uma pequena dose de significado já faz diferença no comprometimento com o trabalho. Dan Ariely, professor de psicologia e economia comportamental na Universidade Duke, comprovou isso ao conduzir um experimento com peças Lego. Divididos em dois grupos, os participantes deveriam montar um brinquedo com as peças em troca de 3 dólares. Depois, deveriam montar outro brinquedo por 30 centavos a menos. Por fim, um terceiro brinquedo, por 30 centavos a menos que o valor anterior, e assim por diante. Os brinquedos do primeiro grupo iam sendo guardados debaixo da mesa, enquanto os do segundo grupo eram quebrados diante dos participantes no momento em que eles estavam ocupados montando o seguinte. Adivinhe o que aconteceu? As pessoas do segundo grupo pararam de construir novos brinquedos muito antes do que aquelas cujo trabalho era mantido intacto.[16]

Armadilha 3: Meu propósito precisa ser grandioso e de amplo alcance. A ideia de propósito pode parecer assustadora e esmagadora. Até que ponto ele deve ser grande? Ou ambicioso? Ou profundo? Embora precisemos de certa dose de introspecção e autoconsciência para buscar e encontrar nosso propósito, isso não significa se retirar para um *ashram* ou um mosteiro. Tampouco precisamos descobrir a cura do câncer. "Que seja simples", me aconselhou meu diretor espiritual quando eu estava em minha jornada. Assim, quando busco fazer uma diferença positiva, começo pelas pessoas à minha volta. Com um pouco de ajuda, qualquer um pode encontrar propósito onde quer que esteja. Comece com o que lhe dá energia e alegria. Em outras palavras, o que move você?

Levando para o trabalho a reflexão sobre propósito

"O que move você?" não é uma pergunta que se faça com frequência no meio corporativo. Seria útil fazê-la mais vezes, pois ela poderia nos ajudar a nos conectarmos com um propósito, e é o propósito que determina como nos relacionamos com nosso trabalho. É por isso que os funcionários da Best Buy são estimulados a refletir sobre essa questão. "O que move você?" se tornou um elemento central no encontro de lideranças da Best Buy, que reúne cerca de 2 mil gerentes para dar partida na temporada de compras das festas de fim de ano (que, nos Estados Unidos, começa em novembro, após o Dia de Ação de Graças). A simplicidade e a humanidade das respostas são sempre impactantes. Os gerentes falam sobre amigos, familiares e colegas. Para um gerente regional, é "ajudar funcionários e clientes a concretizar suas esperanças e realizar seus sonhos". Para um gerente sênior de RH, é "ensinar, desenvolver, crescer e inspirar [pessoas] a fazer mais do que jamais pensaram ser possível". Estimular e inspirar cada indivíduo na Best Buy a refletir sobre o que o move pode parecer um passo pequeno e abstrato, mas tem sido fundamental em mudar nossa abordagem do trabalho.

Compreender seu propósito é uma coisa. Para líderes, é igualmente decisivo compreender o que move aqueles que os cercam – e, como veremos adiante, de que modo isso se conecta com o propósito da organização. Para saber o que move cada membro da equipe de executivos da Best Buy, em 2016 organizei um jantar num salão de onde se descortinava o belo lago Bde Maka Ska, em Minneapolis. Era parte de um dos nossos retiros trimestrais. Havíamos pedido a todos que levassem retratos deles mesmos quando bebês ou crianças pequenas e que contassem uma história pessoal sobre aquela foto e sobre o processo de crescer.

Naquele mesmo dia, tínhamos explorado a ideia de "vestir a camisa". Vestir a camisa, eu pensava, tem que se conectar com quem somos e com quem queremos ser. Assim, eu queria compreender o que movia cada membro de nossa equipe e como isso se relacionava com suas vidas e suas histórias. De onde eles vinham? Por que estavam animados para trabalhar na Best Buy? Como seu propósito pessoal se conectava com o que faziam no trabalho? A meu ver, eu não poderia liderar nossa equipe se não soubesse responder a essas perguntas.

O que, num primeiro instante, poderia parecer um jogo cálido e difuso se tornou um dos momentos mais memoráveis e inspiradores do meu tempo na Best Buy. Realmente nos conectamos. Nós dez falamos sobre o que nos energizava e o que dava sentido a nossa vida. Eu me emocionei ao ouvi-los descrever o que os movia no aspecto pessoal, desde investir em relacionamentos preciosos por meio de amor incondicional, apoio ilimitado e constante estímulo ao crescimento até acompanhar colegas se desenvolverem além de suas expectativas ajudando-os a fazer coisas novas e a assumir mais responsabilidades.

Além de inspirador, o encontro foi também *proveitoso*, pois ajudou imensamente a dar forma a nosso ambicioso e significativo propósito para a Best Buy – que impulsionaria o sucesso consistente que tivemos nos anos seguintes. Farei mais considerações sobre isso em outros capítulos.

. . .

Voltemos a Jordan e a seu dinossauro de brinquedo decapitado. Não é um cenário imaginário: Jordan e sua mãe são pessoas reais que estiveram numa loja da Best Buy na Flórida em 2019. Mas os dois vendedores não trataram a mãe de Jordan com indiferença nem se limitaram a lhe entregar um novo brinquedo na caixa. Eles se transformaram em médicos, levando o dinossauro quebrado para passar por uma "cirurgia" atrás do balcão, onde discretamente o trocaram por um novo enquanto descreviam para Jordan o procedimento milagroso que estava sendo realizado em seu "bebê dinossauro". Após alguns minutos narrando a cirurgia, entregaram o dinossauro "curado" a um Jordan muito feliz. Para esses dois funcionários, trabalho não era receber um salário. Não era vender um novo brinquedo. Era devolver o sorriso ao rosto de um garotinho.

Aplicar essa concepção de propósito tão humana muda nossa relação com o trabalho e, por consequência, nossa disposição para nos envolvermos.

Isso torna o trabalho sempre fácil e divertido? Não. Todo mundo tem seus dias ruins. Todo trabalho tem seus desafios. Um propósito pessoal não é em si e por si só a única coisa que motiva as pessoas no trabalho, e é por isso que este livro tem mais do que dois capítulos. No entanto, ser capaz de conectar o que fazemos todo dia com uma visão maior do motivo pelo qual o fazemos ajuda a infundir em nós energia, ímpeto e direção. E isso é um bom começo – seja você um construtor, um zelador de zoológico, um camisa azul ou um CEO.

Para refletir

- O que move você?
- Que "catedral" você quer construir?
- O que você gostaria que dissessem a seu respeito quando você partir deste mundo?
- O que existe na interseção entre *o que você ama, em que você é bom, de que o mundo precisa* e *o que lhe pagariam para fazer*?

3

O problema da perfeição

Perfeição não existe. Compreender isso é o triunfo da inteligência humana. O desejo de alcançar a perfeição é o mais perigoso tipo de loucura.

– ALFRED DE MUSSET, *A confissão de um filho do século*

– A busca pela perfeição pode ser maligna! – afirmou padre Samuel.

Estávamos em meu escritório na Carlson Wagonlit Travel, em Paris. Poucos meses antes, eu tinha pedido ao padre Samuel que desse suporte a um pequeno grupo de executivos seniores que se reuniam para refletir sobre questões econômicas e sociais num viés espiritual. Naquele dia em meu escritório, padre Samuel e eu estávamos preparando a sessão seguinte. Não me lembro dos detalhes do que estávamos discutindo, mas me lembro exatamente de suas palavras sobre perfeição e do profundo (e duradouro) impacto que tiveram em mim.

– O que quer dizer com isso? – perguntei a ele.

O que padre Samuel queria transmitir era profundamente espiritual. Ele me explicou que o anjo favorito de Deus um dia decidiu que era completo e perfeito (o melhor), e foi assim que ele se tornou o diabo.

– Não podemos amar outras pessoas e estabelecer uma relação com elas se antes não aceitarmos que somos imperfeitos e vulneráveis e que precisamos de ajuda – concluiu padre Samuel.

Fiquei perplexo, pois isso vinha de encontro a tudo que me fora ensinado. Durante toda a minha vida, meu impulso sempre fora buscar a excelência. Minha mãe, determinada a cultivar o potencial que via em mim, esperava implacavelmente que eu me saísse sempre melhor e progredisse mais e mais, instilando em mim uma visão de sucesso baseada na perfeição e na glória. A escola também me treinou a lutar por perfeição, a ser o melhor e o mais inteligente. Todos os meus professores davam atenção aos erros e às imperfeições, tentando erradicá-los com uma caneta vermelha. Fui ensinado a ter como meta notas perfeitas. Meu desempenho no ensino médio determinaria minhas oportunidades no ensino superior. Exames de admissão baseavam-se em avaliações, o que exigia ser melhor que os outros candidatos para entrar em uma universidade renomada. Uma universidade renomada, por sua vez, influenciaria as oportunidades de emprego. E, nas grandes companhias, o sucesso inicial residia acima de tudo em ser brilhante e não cometer erros. Toda a engrenagem girava para fazer da perfeição um ideal.

Para minha surpresa, achei convincente a ideia do padre Samuel. E os outros CEOs em nosso grupo de estudo acharam o mesmo. Aquelas palavras nos marcaram, porque todos nós, em graus variados, encarávamos o trabalho como uma busca pela perfeição. Todo aquele tempo, nós (eu) vínhamos confundindo desempenho com perfeição. Buscar um desempenho excelente é algo bom; esperar perfeição não é. Desde então, toda vez que convido padre Samuel para falar a líderes, essa é a ideia que mais reverbera.

A busca pela perfeição figura entre os 20 "comportamentos peculiares" que impedem líderes bem-sucedidos de atuar ainda melhor, segundo meu ex-coach executivo Marshall Goldsmith. Pense em hábitos como precisar mostrar que você é o mais inteligente, querer vencer em todas as situações e sistematicamente se intrometer onde quer que um problema precise ser resolvido.[1] De fato, quando eu e outros clientes de Marshall nos reunimos, sempre discutimos como éramos insuportáveis antes de o conhecermos. "Isso não é nada, eu era muito pior!", comenta um após outro. Continuamos empenhados em ocupar o primeiro lugar entre os piores perfeccionistas.

Mesmo após ouvir as palavras de padre Samuel e concordar com aquele brilhante aspecto novo que ele apontava, ainda levei anos até conseguir traduzir essa sabedoria em prática. Se trabalho é um elemento que define nossa humanidade e uma resposta à nossa busca de sentido, então como pode ser errado buscar a perfeição? Deixando de lado a conotação religiosa de "maligna", aprendi com o tempo por que é contraproducente tratar o trabalho como a busca pela perfeição, mesmo no contexto de nossa busca por propósito.

Minha luta com o feedback

Durante a maior parte da minha carreira eu desconsiderei o feedback, especialmente quando sugeriam que eu precisava melhorar em alguns aspectos. Em vez disso, despendia minha energia tentando identificar quem tinha dito o quê sobre mim, no caso de processos confidenciais, e apontando os erros *deles*.

A primeira vez que recebi um feedback da minha equipe foi na McKinsey. Segundo todos os parâmetros, eu era um consultor bem-sucedido: havia me tornado sócio aos 30 anos, bem mais jovem do que a maioria, e, como as coisas iam bem, eu pensava que era realmente bom. Então minha equipe me avaliou, observando áreas em que eu estava me saindo acima e abaixo da média. Claro que eu não esperava nenhuma nota abaixo da média, mas lá estavam elas. Fiquei arrasado e paralisado. Como era possível que eu tivesse "necessidades de desenvolvimento" problemáticas? Sem saber o que fazer, ignorei o feedback e não fiz nada.

Obviamente, isso não me ajudou a melhorar. Assim, quando me tornei CEO da Carlson Wagonlit Travel, em 2004, após ter liderado uma bem-sucedida reestruturação da Vivendi, eu continuava resistente a feedback. Mais uma vez, achava que tudo ia perfeitamente bem. Estávamos caminhando para triplicar o tamanho da empresa e quintuplicar a lucratividade. Estávamos atraindo novos clientes. O segmento de viagens corporativas vivia uma transição disruptiva: antes pequeno e predominantemente familiar, o setor caminhava para algo muito mais sofisticado, de cunho tecnológico, voltado para companhias em vez de pessoas físicas. Tendo passado anos em consultoria de gestão e depois na EDS, eu achava que sabia tudo sobre as necessidades da Carlson Wagonlit. Sabia sobre serviços B2B, sabia sobre serviços de tecnologia da informação, sabia sobre recursos humanos e como gerenciar desempenho. É claro que eu conseguiria melhorar o cenário!

Só havia um problema. Eu pensava que tinha todas as respostas, então via os outros como obstáculos e não como parceiros valiosos, porque meu olhar se concentrava em suas imperfeições. Acreditava que podia fazer melhor do que eles. Sempre que uma equipe me apresentava alguma proposta ou um plano de negócios, eu tratava de lhes dizer como melhorá-lo. Marshall Goldsmith chama isso de "agregar valor demais", conforme aprendi tempos depois. Sem perceber, eu estava dizendo a minhas equipes o que elas deveriam fazer. E, durante anos, continuei tentando resolver todos os problemas. Hoje vejo que isso devia ser profundamente frustrante para aquelas pessoas.

Na época, eu não pensava assim. Mas havia sinais: em uma das festas da empresa, o chefe do RH da Carlson Wagonlit, que tinha um senso de humor refinado, fez um organograma com meu nome em todos os boxes. Rimos bastante, mas fiquei aborrecido. Pouco tempo depois, uma mensagem ainda mais direta veio de uma pesquisa entre funcionários, segundo a qual as pessoas que se reportavam diretamente a mim não estavam muito engajadas no trabalho. Isso doeu, ainda mais porque, no geral, a companhia tinha níveis muito bons de comprometimento.

O que acontecia comigo era aquilo que a psicologia chama de dissonância cognitiva: eu acreditava estar me saindo muito bem, mas os dados mostravam que tinha muito a melhorar. A dissonância cognitiva é tão desconfortável que a reação típica é ficar focado unicamente em consertar a discrepância entre crença e realidade. Naquela ocasião, fiz isso dizendo a mim mesmo que não havia nada errado comigo. E, se não havia nada errado *comigo*, então o problema devia ser com *eles*. Por que eles não percebiam como eu era incrível? E quanto eu estava ajudando? Isso era preocupante.

Foi mais ou menos nessa época, enquanto ainda estava na Carlson Wagonlit, que tive aquela conversa com padre Samuel sobre perfeição. Compreendi o argumento dele e concordei totalmente. Mas hábitos arraigados são difíceis de mudar.

Meu nome era Hubert e eu era um perfeccionista. Eu precisava de ajuda.

Abraçando a imperfeição

Alguns aos depois, me tornei o CEO do grupo Carlson, proprietário da Carlson Wagonlit Travel e de outras marcas, como Radisson Hotels e TGI Friday's. Quando assumi a companhia, a então chefe do RH, Elizabeth Bastoni, me sugeriu o acompanhamento de um coach executivo. Como você já deve imaginar, a ideia não me agradou. Naquele tempo, se alguém me dissesse que um colega meu estava usando os serviços de um coach executivo, eu teria pensado: *O que há de errado com essa pessoa? Que problemas será que ela tem?*

Em minha defesa, digo que essa era uma época em que o coach executivo era visto como um profissional que corrigia problemas. Então por que eu deveria recorrer a um deles? Elizabeth então me explicou que Marshall Goldsmith ajudava líderes de sucesso a ter ainda mais sucesso. E a lista de clientes dele incluía nomes de peso. De repente, foi como se me dissessem: *Vejo que você adora jogar tênis e que é muito bom nisso. Gostaria de continuar se aprimorando no jogo?*

Claro que eu queria melhorar! Então aceitei a proposta. Com Marshall, aprendi a enxergar o feedback como uma janela para o futuro e a identificar os pontos que eu queria desenvolver mais. É uma distinção sutil, porém importante: eu não pretendia resolver um problema, estava decidindo onde podia melhorar. E foi assim que aprendi a agradecer às pessoas por seu feedback, a falar sobre os aspectos que eu estava focado em aprimorar, a pedir sugestões. Aprendi a me abrir para a opinião de outros, a procurar saber como estava me saindo, a pedir mais conselhos. Aprendi a abraçar o feedback.

Por causa de uma pessoa próxima que estava sofrendo de depressão, descobri mais tarde que os psicólogos ecoam as palavras do padre Samuel sobre perfeição, vulnerabilidade, amor e relações humanas. O perfeccionismo, no fim das contas, não nos faz bem. Diversas pesquisas já relacionaram esse comportamento a depressão, ansiedade, distúrbios alimentares e até mesmo suicídio.[2]

Durante anos e anos eu havia esperado dos outros uma perfeição inatingível enquanto ignorava minhas fraquezas. Isso causa grandes prejuízos aos relacionamentos – e, assim, prejudica também a colaboração, o trabalho em equipe e a liderança. Líderes que se mostram vulneráveis se revelam mais inspiradores do que aqueles que projetam uma força e uma perfeição irreais, porque é através de nossas imperfeições que nos relacionamos e nos conectamos. A "pesquisadora, contadora de histórias e texana" Brené Brown (como ela própria se define) passou as últimas duas décadas estudando vulnerabilidade, coragem, vergonha e empatia. Ela aponta explicitamente a conexão como uma das dádivas propiciadas pela imperfeição – junto com coragem e compaixão.[3] Os obstáculos para a conexão, conforme ela descobriu, são a vergonha, ou o medo de carregarmos em nós alguma coisa que, se outros virem e souberem, nos tornará indignos de conexão. Por outro lado, as pessoas que experimentam sentimentos de amor, conexão e pertencimento são aquelas que tiveram a coragem de ser imperfeitas e abraçaram a vulnerabilidade.[4] Tudo isso me ensinou que não pode haver conexão humana autêntica sem vulnerabilidade nem vulnerabilidade sem imperfeição.

Com outros líderes de negócios, aprendi também que a busca pela perfeição, ao invés de melhorar a qualidade do trabalho, só a prejudica. Alan Mulally, ex-CEO da Ford, gentilmente me contou sobre como, no início da retomada da companhia, encorajou seus colegas a admitir abertamente quando e onde tiveram problemas.

Quando Alan assumiu a Ford, em 2006, a expectativa era que a empresa perderia 17 bilhões de dólares naquele ano. E perdeu mesmo. Como o próprio Alan disse, eles não tinham problema com previsões, e sim com desempenho. Parte do problema era a cultura de não admitir a existência de problemas, algo visto como sinal de fraqueza. Alan implementou um sistema de cores para relatórios de desempenho em áreas-chave, que eram discutidos toda quinta-feira nas reuniões de revisão do plano de negócios. Todos os membros da equipe de liderança tinham que indicar uma cor para o relatório de status semanal de cada equipe sob seu comando: verde quando tudo estava andando nos trilhos, amarela quando os objetivos estavam irregulares mas havia um plano de correção de percurso e vermelha quando havia problemas e nenhum plano de correção ainda.

Segundo Alan, nas primeiras semanas tudo era verde. A companhia estava enfrentando uma perda substancial, mas, olhando para os gráficos, tudo ia de acordo com os planos. "Estamos perdendo bilhões de dólares", dizia Alan, "vocês têm certeza de que não há *nada* que não esteja indo bem?" Mark Fields, que mais tarde sucederia a Alan como CEO, foi o primeiro a assumir um risco e admitir que nem tudo era perfeito. À época, ele era encarregado das operações da Ford nas Américas e tivera um problema com o esperado lançamento do Ford Edge no Canadá: testes haviam revelado um ruído de trituração na suspensão e ele decidira adiar o lançamento. Na reunião semanal seguinte, ele pintou o lançamento de vermelho e informou que o problema continuava sem previsão de solução.

Segundo Alan, todos os olhos se cravaram no chão e o ambiente ficou sufocante. Mas ele bateu palmas. "Quem pode ajudar Mark com isso?", perguntou. Um diretor levantou a mão e se prontificou a enviar seus especialistas em qualidade imediatamente. Outro se ofereceu para pedir a fornecedores que verificassem os componentes. Alan era engenheiro, mas não interveio: deixou que sua equipe colaborasse. O problema com o Ford Edge foi resolvido rapidamente.

Levou mais algumas reuniões para que um número mais coerente de vermelhos e amarelos começasse a aparecer nos gráficos. A essa altura, todos na equipe estavam seguros de que podiam admitir a existência de problemas de maneira aberta e se ajudar mutuamente a transformar o vermelho em amarelo e o amarelo em verde.

A história de Alan Mulally ilustra outro problema da busca pela perfeição: ninguém jamais terá todas as respostas. Em ambientes de trabalho saudáveis ninguém tem medo de dizer que não sabe. Por mais óbvio que isso pareça, muitas pessoas ainda acham que dizer "Não sei" é sinal de fraqueza. Lembro que, quando eu era adolescente, um amigo dos meus pais que era empresário me fez uma pergunta. Não lembro sobre o que era, só recordo que respondi "Não sei". Ele me olhou com gravidade e disse:

– Meu jovem, espero que você nunca diga isso no mundo dos negócios, porque seria admitir fraqueza, o que você não deve fazer jamais. Isso limitaria seu potencial.

Mesmo tendo vivenciado minhas questões com o perfeccionismo, não vi sentido naquilo. Se eu não sabia, então não sabia, ora essa! Qual era o problema? Eu poderia muito bem aprender ou descobrir a resposta. Não estava me limitando ao dizer que não era bom em matemática e pronto, ou "Pensamento visual não é comigo!". Não estava dizendo "Não sou capaz de saber". Eu apenas não sabia. Se alguém lhe perguntar sobre o mercado de ações do mês passado ou de que trata a seção 1502 da Lei Dodd-Frank, não há nada de errado em dizer "Não sei. Vou pesquisar".

Alan Mulally combateu o perfeccionismo para que os problemas pudessem ser reconhecidos e solucionados. O CEO da Amazon, Jeff Bezos, afirma que o perfeccionismo também obstrui a inovação, pois gera o medo de falhar. "Creio que somos o melhor lugar do mundo onde cometer erros", escreveu ele certa vez numa carta aos acionistas. "Fracasso e invenção são gêmeos inseparáveis. Para inventar, é preciso experimentar, e se você sabe de antemão que alguma coisa vai dar certo, então isso não é um experimento. A maioria das grandes organizações abraça a ideia de invenção, mas não quer passar pela série de experimentos fracassados necessários para chegar lá."[5]

Aprender os benefícios da imperfeição mudaria profundamente minha maneira de enxergar meu papel na Best Buy, e sem isso talvez a transformação não tivesse seguido o caminho que seguiu. Descreveremos adiante como, após a Best Buy sair com sucesso de sua reestruturação e embarcar num crescimento estratégico, trabalhamos duro para mudar o mindset coletivo. Se antes a ideia era acertar perfeitamente nos alvos, procuramos adotar o "mindset de crescimento", segundo a definição de Carol Dweck, professora de Psicologia da Universidade Stanford: a ideia de que talento e competências podem ser desenvolvidos mediante esforço e aprendizado. Erros e falhas são essenciais no aprendizado, mas são rechaçados pelo perfeccionismo, que é associado a um "mindset fixo": a ideia de que capacidades são inatas e fixas. Carol Dweck assinala que a vontade de ser considerado perfeito é chamada com frequência de "doença de CEO", pois aflige muitos líderes.[6] Infelizmente, a necessidade de afirmar superioridade exibindo uma perfeição natural significa que há pouco incentivo para assumir desafios – e, portanto, aprender –, por medo de falhar.

Muito da vida corporativa é impulsionado pela busca de ser "o melhor" ou o "número um" – sintoma do já citado mindset fixo. Muitas companhias, inclusive a Best Buy, têm um sistema de pontuação e classificações para mensurar e recompensar desempenho. Os rankings estão por toda parte. A ideia de ser o melhor está até mesmo no nome da Best Buy. É uma doença – uma doença que, segundo psicólogos, alimenta a crescente e prejudicial busca pela perfeição.[7] O problema é que a ideia de ser o melhor implica que o mundo é um jogo de soma zero. Só há lugar para 10 pessoas ou empresas na lista dos 10 mais. Você só pode se tornar o número um derrubando alguém. E, depois, o que fará quando se tornar o número um? Não há para onde ir a não ser para baixo. Claro, há competição, e competição é importante. Mas competir consigo mesmo, ou para amanhã fazer melhor do que fez ontem, leva muito além de uma comparação obsessiva com os outros.

Todos nós trabalhamos – e lideramos – melhor quando abraçamos a vulnerabilidade, aprendemos com o fracasso e nos empenhamos em ser o *nosso* melhor, não *o* melhor. É nas imperfeições que podemos estabelecer uma verdadeira e profunda conexão com aqueles à nossa volta.

Uma mudança estratégica

Pouco depois de começar na Best Buy, apresentei Marshall a minha equipe executiva. Eu pretendia dar sequência à tentativa de me libertar do perfeccionismo. Expus abertamente o que eu queria melhorar em mim e convoquei a equipe para me ajudar e acompanhar meu progresso.

Ainda havia uma área problemática: minha tendência a me meter onde não era necessário. Isso ficou claro em 2016, quando o coach executivo Eric Pliner estava orientando a equipe executiva a operar em grupo de modo mais eficaz. Ao discutirmos os obstáculos que se apresentavam naquele momento, alguém observou que nossa estratégia não estava muito bem definida. Esse comentário ressurgiria muitas vezes.

Eu achava que tínhamos uma clara estratégia de crescimento, chamada Building The New Blue. Todo mundo havia trabalhado nela, o conselho a tinha aprovado. Por isso fiquei surpreso – e um pouco incomodado – quando ela foi considerada um problema. Levei para o lado pessoal. Afinal, era minha responsabilidade como CEO garantir que tivéssemos uma estratégia clara e que todos estivessem comprometidos em implementá-la.

Porém começaram a me dizer que nosso plano de reestruturação anterior, o Renew Blue, era muito mais claro. Para mim, o Renew Blue não tinha sido uma estratégia de fato, mas um conjunto de medidas operacionais para a sobrevivência e a recuperação da empresa.

Só que a equipe vira aquele plano anterior como uma estratégia completa, com uma mensagem clara como a luz do sol: mude ou morra. Faltava essa clareza à nova estratégia, disseram eles.

– Vou providenciar – falei.

A equipe reagiu na mesma hora:

– Não!

Na verdade, nossa estratégia não estava clara *para eles*. A solução para isso não era que *eu* tentasse torná-la mais clara. A solução era criar um ambiente no qual a equipe, bem como toda a companhia, pudesse participar para assegurar que todos a assimilassem, compreendendo inclusive as implicações práticas para o trabalho no dia a dia. Eu não precisava resolver cada problema e tomar decisões além do necessário. Mas meu impulso era tentar.

Parte do trabalho que vínhamos fazendo com Eric Pliner era definir claramente quem seria responsável por quais decisões. Adotamos o popular modelo RASCI (uma variação da matriz RACI), que estabelece o responsável (R) pela tarefa, a autoridade (A) a quem cabe a decisão, a figura de suporte (S), aquela a ser consultada (C) e quem deve ser apenas informado (I), de acordo com cada situação. Veremos isso em mais detalhes na Parte 3.

Para mim foi um ponto de virada, um momento de iluminação. No início, quando eu assumira como CEO, a companhia estava afundando, por isso eu tomava muitas decisões – e rapidamente. Mas agora as coisas estavam indo bem. Tínhamos uma equipe extraordinária, havia respeito e confiança mútuos e as pessoas eram extremamente talentosas. As decisões não cabiam a *mim* o tempo todo. Depois de muitos anos, eu estava pronto para deixar de tentar ser perfeito. Foi libertador, tanto para mim quanto para a organização. Precisei da intervenção de dois coaches, muita leitura e anos de experiência, mas finalmente consegui pôr em prática as palavras do padre Samuel.

...

Mudar a maneira como nos envolvemos com o trabalho e como o vemos é uma jornada de transformação pessoal, no sentido de abraçar o trabalho não como uma maldição ou uma obrigação, tampouco uma busca pela perfeição, mas como um caminho para realizar nosso propósito pessoal. Isso começa com cada indivíduo de uma companhia, desde a linha de frente até o CEO.

Somente então poderemos começar a transformar o mundo dos negócios e desencadear a mágica humana coletiva.

Para refletir

- Quais são suas particularidades? Como você as descobriu?
- Como você recebe um feedback?
- Como você decide trabalhar em um aspecto no qual deseja melhorar?
- Você comunicou à sua equipe quais pontos quer desenvolver em sua atuação profissional?
- Que tipo de ajuda você tem recebido?

PARTE 2

A ORGANIZAÇÃO HUMANA COM PROPÓSITO

A refundação dos negócios começa por se considerar o trabalho uma resposta à nossa busca por significado e realização, como vimos na Parte 1. Na Parte 2 vamos examinar por que a visão tradicional, de considerar que o propósito primordial das empresas é maximizar o valor para o acionista, é errada, perigosa e inadequada ao momento atual. Contrariamente à ideia propagada por Milton Friedman, o propósito de uma companhia não é ganhar dinheiro, e sim contribuir para o bem comum e servir a *todas* as partes interessadas. E corporações não são entidades sem alma, mas organizações que têm como centro as pessoas, trabalhando juntas por um propósito. Isso não se aplica apenas quando tudo está indo bem. Pelo contrário: é ainda mais relevante em tempos desafiadores. Foi essa abordagem que sustentou a bem-sucedida reviravolta da Best Buy.

4

A tirania do valor para o acionista

É certo que a riqueza não é o bem que buscamos, pois ela é meramente útil e um meio para se obterem outras coisas.

— Aristóteles, *A ética de Nicômaco*

Em dezembro de 2019, meus filhos e eu nos reunimos para as festas de fim de ano, como sempre fazemos. O ano, bem como a década, estava chegando ao fim. Meu filho e minha filha estavam entrando na casa dos 30 anos, cada um com sua família, e alguns meses antes eu tinha completado 60 anos e deixado de ser CEO da Best Buy. Era um momento de reflexão para todos nós.

As notícias nos jornais também exerciam grande impacto em nossa mente: catastróficos incêndios florestais devastavam áreas da Austrália, poucos meses depois de grassarem pela Amazônia e, novamente, na Califórnia. Chamas sociais também ardiam. A França vinha sendo tomada por greves contra a proposta de reforma previdenciária patrocinada pelo governo, após meses de protestos catalisados inicialmente pela alta no preço dos combustíveis. Protestos em massa tinham explodido em países como Líbano, Chile, Equador e Bolívia. No mundo todo, a inquietação quanto à economia e, em termos mais gerais, a crescente desigualdade alimentavam uma onda de populismo, enquanto gerações mais jovens, na esteira da ativista adolescente sueca Greta Thunberg, lideravam uma onda cada vez mais forte de protestos exigindo das autoridades ações para enfrentar a mudança climática.

Reunidos à mesa de jantar, meus filhos falavam sobre como o consumismo excessivo e o desperdício estavam contribuindo para o aquecimento global. Segundo eles, jovens profissionais de sua geração se voltavam para startups em busca de inspiração e realização profissionais, em resposta à desilusão com os grandes empregadores tradicionais. Ambos achavam que os setores público e privado não estavam cumprindo seu papel no enfrentamento da crise ambiental, pois pareciam não ter a urgência que meus filhos sentiam tão agudamente. Em que tipo de mundo eles e seus filhos viveriam nas décadas por vir?

Uma coisa estava clara para nós: nosso sistema capitalista e o modo como as empresas operavam não pareciam capazes de se sustentar por muito mais tempo.

Meus filhos não são os únicos a acreditar que nosso sistema econômico chegou a um impasse. Diversas pesquisas já deixaram claro que a desigualdade social e a crise ambiental estão alimentando o desencanto com o capitalismo, especialmente entre as gerações mais jovens.[1] Claro, o capitalismo nos levou a um período de desenvolvimento econômico sem precedentes, impulsionando inovações extraordinárias e tirando bilhões de pessoas da pobreza, mas é inegável que estamos enfrentando uma crise.[2] Em janeiro de 2020, no encontro anual do Fórum Econômico Mundial, em Davos, em que os debates giraram em torno de como tratar a mudança climática e a desigualdade, Marc Benioff, CEO da Salesforce e um homem muito franco, declarou: "O capitalismo como o conhecemos está morto."

Precisamos repensar o funcionamento do nosso sistema econômico.

Uma das primeiras coisas que aprendi na escola de administração, lá em 1978, foi que o propósito das empresas era maximizar o valor para o acionista, e eu acreditei nisso. Minha formação foi focada em técnicas de otimização de lucros. Nenhum tempo foi dedicado a reflexões sobre o papel das empresas na sociedade. A história, a filosofia e a ética que eu tinha estudado no colégio e em meus primeiros anos na faculdade desapareceram do currículo e fui direto para análise financeira e métodos contábeis. Lembro-me claramente de um jogo de estratégia que jogávamos em que a vitória cabia a quem tivesse o maior lucro. Carreguei comigo esse *ethos* até o início da década de 1990, quando me transferi para o escritório da McKinsey em Nova York. Apesar de uma década de excessos financeiros e escândalos bancários, essa visão se manteve. Como consultores de estratégia, nosso objetivo geral era maximizar o valor para o acionista nas empresas de nossos clientes.

Devemos muito desse evangelho a Milton Friedman, um dos economistas mais influentes do século XX. Num artigo publicado no *The New York Times* em setembro de 1970, ele afirmava que a indústria como atividade econômica tinha uma única responsabilidade "social": maximizar os lucros para os acionistas. Segundo Friedman, quem acreditava que as empresas não deveriam se preocupar apenas com lucros, mas também apoiar causas sociais, como gerar empregos ou reduzir o nível de poluição, estava pregando puro socialismo.[3] A perspectiva de Milton Friedman tem uma vantagem óbvia: é simples. Só existe um eleitorado a satisfazer – os acionistas – e só uma métrica de desempenho importa – os lucros.

Por décadas a doutrina Friedman reinou como o evangelho da economia. Em 1997, a Business Roundtable, organização que inclui CEOs das maiores e mais influentes empresas dos Estados Unidos, publicou uma declaração que atestava: "A Business Roundtable quer enfatizar que o principal objetivo de uma empresa é gerar retorno econômico para seus proprietários."[4]

Minha visão começou a mudar quando eu ainda era consultor, e minha experiência subsequente no leme de diversas companhias só veio a confirmar o que eu começara a perceber no final de meu período na McKinsey. Considero agora a primazia do acionista a causa original dos problemas dos quais meus filhos e eu estávamos falando naquele dia à mesa de jantar. É claro que ganhar dinheiro é vital e um dos frutos naturais de uma boa gestão (como veremos no Capítulo 5), porém considerar o lucro o único propósito de um negócio é errado, por quatro razões fundamentais: (1) lucro não é uma boa medida de desempenho econômico; (2) ter o lucro como foco único é perigoso, (3) coloca clientes e funcionários em posições antagônicas e (4) não faz bem à alma.

Lucro não é uma boa medida de desempenho econômico

O lucro não leva em conta o impacto de um empreendimento econômico na sociedade. Os custos da pegada ecológica ou da pegada de carbono não aparecem num relatório financeiro, embora sejam bem reais e potencialmente muito nocivos. Fabricantes de alimentos e bebidas comercializados em embalagens descartáveis, por exemplo, não arcam com o custo de termos oceanos abarrotados de plástico. Os lucros das indústrias que dependem do carvão como principal fonte energética não refletem os custos que o uso desse combustível gera para a saúde humana e o meio ambiente.

Mesmo dentro dos limites de uma empresa, os lucros podem ser uma medida enganosa de desempenho econômico. Aprendi como as normas contábeis podem ser arbitrárias em abril de 2003, quando me tornei vice-CEO da Vivendi, ao supervisionar os relatórios e o planejamento financeiro.

Era um contexto caótico. Após uma série de aquisições, o grupo enfrentara uma escassez de liquidez que levara à saída do CEO Jean-Marie Messier cerca de nove meses antes. Ao mesmo tempo, a Arthur Andersen, empresa de auditoria que atendia a companhia, tinha desabado depois do escândalo da Enron. A Vivendi decidira emitir títulos de alto rendimento nos Estados Unidos e na Europa para refinanciar a dívida existente e prolongar o prazo de pagamento, de tal modo que pudesse vender alguns ativos sem a pressão de ter que levantar dinheiro rápido. Para fazer isso, foi necessário colocar a contabilidade em ordem.

Quando eu estava trabalhando com os novos auditores em nossos relatórios financeiros, percebi discrepâncias entre os ganhos declarados e a realidade econômica da empresa. Por exemplo, de acordo com as regras contábeis, uma matriz pode incluir em sua receita 100% da receita operacional dos negócios que ela controla, ainda que esse controle não seja total. Já a receita de negócios que ela não controla não é de modo algum incluída, mesmo que a matriz detenha parte significativa desse negócio. A Vivendi vinha consolidando (um tanto convenientemente) negócios rentáveis em que tinha participação minoritária – as operadoras de telefonia móvel SFR (44%) e Maroc Telecom (35%) –, mas não estava consolidando negócios não lucrativos, como a empresa de telecomunicações polonesa

PTC e a plataforma de internet Vizzavi, mesmo detendo cerca de 50% de cada uma. Isso era totalmente legal e estava de acordo com as regras contábeis, mas inflava a receita operacional da Vivendi e dissociava o lucro da real saúde do negócio.

Além disso, é difícil contabilizar outros sinais de saúde empresarial, como funcionários motivados e talentosos, que são o ativo mais importante que se pode ter. O comprometimento dos colaboradores foi o motor da retomada da Best Buy e continua sendo o motivo número um para seu continuado sucesso hoje em dia. Mas isso você não vai encontrar no balanço ou na demonstração do resultado da empresa. Assim, investir em pessoal, como decidiu fazer Doug McMillon, CEO da Walmart, em 2016 e como fizemos na Best Buy, pode reduzir os lucros a curto prazo, enquanto investimentos em ativos tangíveis como imóveis ou fábricas são amortizados ao longo de muitos anos.

O lucro como foco único é perigoso

O lucro, tal como a temperatura do corpo humano, é um sintoma de outras condições subjacentes, não a condição em si. E pensar apenas no sintoma é algo perigoso. Imagine um médico que seja recompensado apenas por manter a temperatura dos seus pacientes num limite saudável – o termômetro pode ir parar na geladeira toda vez que um deles tiver febre.

É um jogo fácil de manipular, e não só por meios contábeis. Podemos maximizar o lucro subinvestindo em pessoal e em outros ativos que beneficiem diretamente os clientes. Isso funciona, mas tem prazo de validade. As despesas diminuem e os números parecem bons por algum tempo, mas, a longo prazo, a saúde do negócio sofre. Foi exatamente o que aconteceu na Best Buy entre 2009 e 2012, quando a empresa reduziu despesas nas lojas e investiu pouquíssimo em e-commerce, ao mesmo tempo que elevava os preços. Por um breve período, isso ajudou a manter bons resultados – até que os clientes se cansaram de lutar com o site, de andar pelas lojas empoeiradas e de receber aquele mau atendimento que recebi quando fui comprar meu celular. O caminho para a falência está apinhado de varejistas como a Sears e outros que se concentraram em melhorar os lucros a curto prazo em vez de investir em talento e serviço de qualidade. O caso da Best Buy, como veremos nos próximos capítulos, ilustra o princípio de que priorizar talentos e o cliente é o que permite o sucesso *sustentável*.

Outro problema do foco implacável em "bons números" é que a inovação fica asfixiada. Um estudo da Universidade Stanford descobriu que, em companhias de tecnologia, a inovação fica 40% mais lenta depois de uma oferta pública inicial (IPO), porque os gestores são mais cautelosos quando estão sujeitos às pressões do mercado.[5]

Se você tenta se manter em certo número, pode perder a oportunidade de sair na frente em momentos de retração econômica. Durante a Grande Recessão de 2008, eu estava na Carlson e o setor hoteleiro sofreu fortes abalos. Mas vi que as líderes do segmento, como Marriott e Starwood (para citar apenas duas), continuaram a investir mesmo que isso prejudicasse os lucros a curto prazo.

Claro que o desempenho financeiro importa, e muito. O lucro cria condições favoráveis para crescer. Empresas listadas na bolsa que não atendem às expectativas do mercado podem perder valor rapidamente. Em janeiro de 2014, por exemplo, o preço da ação da Best Buy caiu de 39 para 25 dólares em razão de números de vendas desanimadores nas festas de fim de ano. Tive que lembrar a mim mesmo que, no ano anterior, o preço da ação tinha ido de 11 para 42 dólares. Mercados reagem rápido – e costumam ter uma reação exagerada a curto prazo. Num prazo mais longo, um CEO que repetidamente não entregar um bom desempenho financeiro será dispensado e uma companhia que não for lucrativa estará condenada. No entanto, embora não possam ser ignoradas, essas pressões não justificam miopia.

Muito menos justificam transgressões e falcatruas. Uma série de escândalos corporativos nas últimas duas décadas, como o castelo de cartas da Enron, o "dieselgate" da Volkswagen e o escândalo do Wells Fargo, são consequências diretas do foco excessivo nos números. A recessão de 2008 foi resultado de um mau comportamento em grande escala, o que demonstra o perigo de se conduzir um negócio dessa maneira.

O lucro como foco único coloca clientes e funcionários em posições antagônicas

Clientes são tão inteligentes quanto exigentes. Assim como meus filhos, têm altas expectativas em relação às empresas. Querem fazer negócio com companhias que eles respeitam e que sejam competentes, éticas e ativas em contribuir para a sociedade.[6] Cada vez mais os clientes se afastarão de companhias que não atendem a esses padrões. Alguns dos aspectos que meus filhos levantaram em nosso jantar foram a obsolescência programada de produtos, a falta de suporte oferecido por empresas de tecnologia a linhas que nem são antigas e a rapidez com que alguns varejistas de vestuário apresentam novas coleções, fenômeno conhecido como *fast fashion*. Eles consideram essas táticas meras estratégias para obter lucros, que não beneficiam o consumidor nem o planeta.

Diversos segmentos, de alimentos à moda, estão sentindo a pressão para que atuem com mais responsabilidade em relação ao meio ambiente. A preocupação com o aquecimento global está moldando o comportamento – e o consumo. Antes de a covid-19 arrasar o transporte aéreo, uma em cada cinco pessoas dizia que tinha passado a viajar menos para não prejudicar o meio ambiente.[7] Um movimento "antivoo" estava se disseminando para além das fronteiras da Suécia. Essas tendências não podem ser ignoradas.

Trabalhadores também vêm pressionando seus empregadores por mudanças em questões sociais e ambientais. Em setembro de 2019, por exemplo, funcionários da Amazon saíram em protesto exigindo que a empresa se empenhasse mais na redução de sua pegada de carbono, parasse de prestar serviços a companhias que exploram combustíveis fósseis e deixasse de apoiar políticos que negavam as mudanças climáticas.

Até mesmo acionistas – supostamente, as pessoas que mais se beneficiam da crença em que o único propósito das companhias é fazer dinheiro – estão enxergando além dos lucros a curto prazo, adotando cada vez mais a visão de que ser um bom cidadão é, no fim das contas, bom para os negócios. A BlackRock, a maior gestora de ativos do mundo, adotou a sustentabilidade como seu novo padrão de investimento. Em sua carta anual de 2020 a CEOs de empresas nas quais tem participação, Larry Fink, CEO da

BlackRock, declarou que a mudança climática em especial traz riscos para os investimentos. Segundo ele, "a mudança climática se tornou um fator determinante nas expectativas das companhias para o longo prazo [...] Nossa convicção é que sustentabilidade e carteiras alinhadas às necessidades ambientais podem oferecer retornos mais bem ajustados ao risco para os investidores".[8] Líderes de empresas, ONGs e acadêmicos entrevistados pelo Fórum Econômico Mundial para seu Relatório de Riscos Globais de 2020 classificaram o fracasso na mitigação e na adaptação à mudança climática como a principal ameaça ao mundo nos próximos 10 anos.[9]

As expectativas dos acionistas estão mudando porque investidores não são entidades desalmadas incapazes de olhar além dos resultados trimestrais. Acionistas são pessoas ou organizações de pessoas – investidores institucionais ou fundos mútuos – que estão cuidando da segurança financeira e previdenciária de outras pessoas. De um modo ou de outro, são indivíduos. E, como tal, não são todos iguais: costumam ter objetivos e horizontes temporais variados. São também seres humanos que compartilham o mesmo planeta e as mesmas aspirações humanas que todos nós, bem como preocupações com o futuro. São também clientes e funcionários.[10]

A rejeição dos investidores à primazia da geração de valor para o acionista não se expressa apenas em palavras. Ativos que são investidos e geridos levando-se em conta critérios ambientais, sociais e de governança aumentaram de 22,8 trilhões de dólares em 2016 para 30,7 trilhões no início de 2018.[11] Além disso, considerações relativas ao clima estão cada vez mais presentes em relatórios financeiros, o que influencia decisões de investimento.[12] Isso não é algo passageiro. Clientes, funcionários e até mesmo acionistas estão reformulando suas expectativas.

O foco único no lucro não faz bem à alma

No início de 1999, quando eu era presidente da EDS França, estive num encontro de líderes com o novo CEO do grupo global, sediado no Texas. Ele estava apresentando a estratégia da organização. E sua apresentação só fortaleceu minha crescente convicção de que a doutrina Friedman estava errada. Toda a abordagem do CEO tinha como foco o lucro. Eu não me senti inspirado. Quando ele pediu um feedback, minha contribuição foi ressaltar que resultados financeiros não podem ser o único propósito. Pelos meses seguintes, a abordagem do novo CEO aumentou minha sensação de alienação, o que me convenceu a deixar a EDS.

Se em 2012, quando assumi a Best Buy, eu tivesse dito a todos na companhia que nosso propósito era duplicar nossos ganhos por ação para 5 dólares, o que você acha que aconteceria? Não muita coisa. E por bons motivos. Quando perguntamos aos funcionários o que os impulsiona, ninguém jamais dirá "a geração de valor para o acionista". Não é isso que os motiva a sair da cama pela manhã. Se quisermos funcionários mais participativos e engajados, precisamos reconhecer que a alma deles não está embrulhada no preço das ações. Lembre-se: o trabalho não precisa ser um fardo, não é uma maldição. É uma busca por significado. Maximizar os lucros não atende a essa busca e, portanto, não vai resolver a epidemia de descomprometimento que discutimos na Parte 1. Não é o que impele as pessoas a dar o seu melhor para salvar companhias como a Best Buy.

Não estou sugerindo, de modo algum, que devemos ignorar os lucros. É claro que as empresas *têm* que ganhar dinheiro – do contrário não sobreviverão. E há situações em que um zeloso foco nos resultados financeiros é uma coisa boa. Quando um negócio está sangrando dinheiro e correndo o risco de morrer, por exemplo, a prioridade deve ser estancar a hemorragia. Também é saudável saber como e por que o negócio vai ganhar dinheiro.

Porém mais saudável ainda é rejeitar a *obsessão* pelos resultados financeiros. Embora seja vital, o lucro é uma consequência, não o propósito em si.

Diante disso, você pode se perguntar: se não é o lucro, então qual é o propósito de uma empresa? É com a resposta a essa pergunta que começaremos a reinventar o capitalismo, transformando o mundo dos negócios de dentro para fora e ajudando a construir nosso futuro coletivo. Ao fazer isso, podemos começar a responder às aspirações e preocupações que meus filhos – e provavelmente os seus também, além de milhões de outras pessoas – expressaram à mesa de jantar.

Para mim, essa jornada começou em 1993, em torno de uma mesa diferente, com uma discussão sobre trabalho que começaria a abrir meus olhos para o verdadeiro coração do negócio.

Para refletir

- Você acredita que o único propósito das empresas é maximizar os lucros e que sua responsabilidade primordial é para com os acionistas? Caso sua resposta seja sim, por quê? Caso sua resposta seja não, por que não?

- Você acha que as expectativas dos clientes, funcionários e acionistas da sua empresa mudaram? Se mudaram, sua empresa mudou junto?

5

O negócio de construir catedrais

"Não, sire, não é uma revolta; é uma revolução."
— François-Alexandre-Frédéric de La Rochefoucauld-Liancourt,
reformador social francês, para Luís XVI, na manhã
seguinte à queda da Bastilha, em 1789

"O propósito de uma corporação não é ganhar dinheiro!", exclamou Jean-Marie Descarpentries, o recém-nomeado CEO da Honeywell Bull. O ano era 1993 e eu trabalhava na McKinsey, em Paris. Tínhamos convidado Descarpentries para um jantar com o intuito de discutirmos como poderíamos ajudá-lo no cargo que ele acabara de assumir. Minha expectativa era compreender suas prioridades e orientá-lo.

Em vez disso, Jean-Marie decidiu nos relatar o que fora debatido num encontro de CEOs franceses ao qual comparecera pouco tempo antes. A seu modo animado e apaixonado, ele expôs suas ideias sobre negócios e sobre como devem ser conduzidos.

"O propósito das empresas não é ganhar dinheiro?", pensei.

Meu garfo parou a caminho da boca. Aquilo contradizia tudo que eu tinha aprendido na faculdade e no início da carreira como consultor de gestão.

Aquelas palavras eram diametralmente opostas a todas as premissas básicas da visão dominante. E quanto aos acionistas? E quanto a Milton Friedman?

Saboreando um bom bife regado a vinho, Jean-Marie esclareceu seu modo de pensar para um grupo de consultores céticos. Ele não estava sugerindo que queimássemos os registros de fluxo de caixa. Apenas dizia que ganhar dinheiro é um imperativo vital e um resultado dos negócios – mas não o objetivo final.

Aquilo mudava tudo.

Até então, eu não achava incrivelmente inspiradora a ideia de maximizar o valor para o acionista, mas assim eram as coisas. Porém a fala dele sugeria que poderia haver outro modo, mais inspirador. Prestei muita atenção. Jean-Marie explicou que na verdade as empresas têm três imperativos: pessoas, negócios e finanças.

Esses três imperativos são *conectados*. A excelência no primeiro deles (desenvolvimento e realização dos funcionários) leva à excelência no segundo (clientes leais comprando seus produtos ou utilizando seus serviços mais e mais), o que, por sua vez, leva à excelência no terceiro imperativo, que é ganhar dinheiro. Essa interconexão fica assim:

Pessoas → Negócios → Finanças

Portanto, o lucro é consequência dos dois primeiros imperativos. Segundo Jean-Marie, não existem compensações entre esses itens; as melhores empresas alcançam a excelência em todos os três simultaneamente.

Mas imperativo e resultado, continuou ele, não devem ser confundidos com *propósito*. O propósito de qualquer empresa é o desenvolvimento e a realização das pessoas que fazem parte dela e a atenção que dá àqueles que a orbitam.

Jean-Marie tinha uma energia contagiante e suas ideias me marcaram profundamente. Como consultor de gestão, eu sabia que grande parte do esforço empresarial é direcionada às táticas: quais produtos e serviços oferecer, onde e como se posicionar para ser competitivo. Pouco se discutia sobre como articular e inspirar um *propósito*. Mas aquele modo de pensar fazia todo o sentido para mim. E ali finalmente vi algo que poderia me inspirar.

Aquela conversa me levou a olhar para os negócios sob uma luz empolgante e radicalmente nova quando, posteriormente, pude observar Jean-Marie pôr em prática seus princípios durante o trabalho. E quando deixei a consultoria, foi sob essa ótica que formulei meu trabalho como CEO, desde a EDS França e por todo o percurso até chegar à Best Buy. Este capítulo trata dessa mudança de perspectiva e os capítulos 6 e 7 avaliam em detalhes suas implicações práticas.

Propósito e pessoas como focos centrais

Como observei no Capítulo 4, precisamos urgentemente reinventar o capitalismo de dentro para fora. A boa notícia é que somos capazes dessa façanha.

Ao longo dos anos, desenvolvi – e testei repetidas vezes – uma abordagem que delineia a arquitetura de refundação da atividade econômica e do capitalismo. Os pilares dessa construção estão na sabedoria transmitida por Jean-Marie Descarpentries e por muitos outros ao longo do caminho.

Essa abordagem se baseia numa mudança sísmica: redirecionar o foco do lucro para o propósito.

Acredito que negócios se constituem fundamentalmente de propósito, pessoas e relações humanas – não lucro, ao menos não primordialmente. Empresas não são entidades sem alma. São organizações humanas formadas por indivíduos que trabalham juntos por um propósito comum. Quando esse propósito comum se alinha com a busca individual por significado das pessoas que ali atuam, pode ser acionada a fagulha de uma espécie de mágica humana que traz resultados extraordinários.

A figura a seguir esquematiza isso:

A organização humana com propósito: uma declaração de interdependência

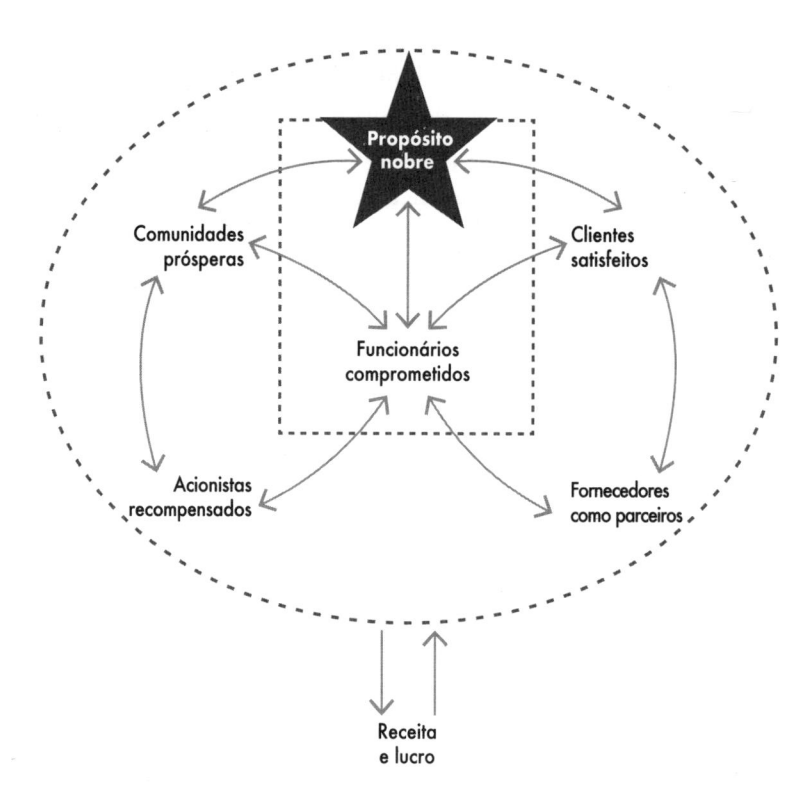

Diagrama: No centro, uma estrela com "Propósito nobre" no topo; dentro de um retângulo tracejado, "Funcionários comprometidos". Ao redor, conectados por setas: "Comunidades prósperas", "Clientes satisfeitos", "Acionistas recompensados", "Fornecedores como parceiros". Abaixo do círculo externo: "Receita e lucro".

Bem no topo está o propósito nobre, que é a razão de ser de uma companhia. O propósito nobre, expressão que tomo emprestada de Lisa Earle McLeod,[1] é o impacto positivo que a empresa busca causar na vida das pessoas e, por extensão, sua contribuição para o bem comum. Esse bem comum é o foco essencial da companhia e está integrado a tudo que a companhia faz. Os negócios vão bem quando fazem o bem.

Funcionários – no centro – se mobilizam em torno do propósito nobre, e os clientes estão profundamente relacionados a ele. O propósito nobre se torna uma estrela-guia para toda estratégia que se formula e toda decisão que se toma.

Imaginar propósito pessoal como a interseção dos quatro elementos apresentados no Capítulo 2 é útil quando se considera o propósito da empresa e como ele difere das ideias mais estreitas de filantropia corporativa ou responsabilidade social corporativa. A razão de ser de uma companhia pode ser encontrada da mesma maneira: de que o mundo precisa, pelo que somos apaixonados como equipe, o que a empresa sabe fazer bem *e* pelo que ela pode ser remunerada. Esse conceito inspirou as quatro perguntas que a Best Buy usa quando avalia novas ideias de negócio:

- Isso se encaixa no propósito da companhia?
- Isso é bom para o cliente?
- Podemos entregar isso?
- *E* podemos ganhar dinheiro com isso?

O propósito nobre está no topo da minha estrutura. Os funcionários estão no centro porque o segredo do negócio é ter pessoas excelentes fazendo um trabalho excelente para o cliente de maneira que traga resultados excelentes. Os funcionários e o trabalho que eles fazem não podem e não devem ser considerados meros insumos, como a teoria econômica quer nos levar a crer. Ninguém quer ser um insumo. *Um trabalho excelente* começa por fazer com que as pessoas se sintam tratadas como indivíduos – não *capital humano* – num ambiente de trabalho no qual podem prosperar.

A arquitetura que estou defendendo coloca os funcionários como o coração do negócio, criando e alimentando relacionamentos autênticos e dedicados dentro da companhia e também com todas as partes interessadas – *clientes, fornecedores, comunidades locais e acionistas* – de um modo que não apenas contribui para o propósito da empresa como cria grandes resultados para cada uma dessas partes. *Um trabalho excelente para o cliente* acontece quando os funcionários tratam o cliente como ser humano, não como uma carteira ambulante. Acontece quando os funcionários, desde o CEO até a linha de frente, se importam genuinamente em saber de que os clientes precisam e como melhor ajudá-los a satisfazer tais necessidades. É agradando os clientes dessa maneira que são criadas *love brands* – marcas que construíram uma forte ligação emocional com seu público –, inspirando lealdade e confiança. Para realizar um trabalho excelente com os clientes e obter resultados excelentes, os funcionários também se relacionam e colaboram com os *fornecedores como parceiros*. Relacionam-se e colaboram de um modo que beneficia os dois lados *e* atende o cliente em vez de apertar o fornecedor para aumentar as margens de lucro. Para prosperar, as empresas também precisam de *comunidades* prósperas, e funcionários oriundos dessas comunidades e que contribuem para elas são centrais nessa conexão. O propósito nobre também alimenta a conexão da empresa com comunidades. Finalmente, a conexão da companhia com seus *acionistas* é fundamentalmente humana. Acionistas são ou indivíduos ou empresas, que, por sua vez, são também organizações humanas a serviço de um propósito humano. Gestoras de ativos preservam o bem-estar financeiro e a aposentadoria das pessoas.

Assim, funcionários que perseguem um propósito nobre são o coração, e relacionamentos são o sangue que flui por todo o organismo e o faz prosperar. Segundo essa perspectiva, todos os elementos estão conectados num sistema com forte interdependência, que se reforça mutuamente.

O lucro é um dos resultados de uma estratégia bem-sucedida e da qualidade das relações humanas que a impulsionam. Mas ele também é essencial para que a empresa consiga realizar sua missão, pois permite que se invista em bons funcionários e em inovação, que haja crescimento, que se dê suporte à comunidade e, é claro, que se remunerem os investidores.

Em resumo, essa perspectiva é uma declaração de interdependência.

Estou animado com essa perspectiva e a filosofia que a sustenta por pelo menos duas razões.

Primeira, porque faz sentido, tanto filosófica como espiritualmente. Para mim, ela ecoa a sabedoria de alguns dos mais importantes filósofos e das principais religiões do mundo, de Aristóteles às doutrinas judaico-cristãs e hindus.

Segunda, porque funciona. Não é apenas uma teoria ou puro otimismo. Durante 25 anos eu vi de perto como uma organização humana com um propósito gera grandes resultados. Vi isso funcionar em várias companhias – inclusive na Best Buy.

Uma perspectiva que entrega resultados

Em essência, o renascimento da Best Buy se baseou na adoção e implementação desses princípios. Isso a impeliu a alturas que, em 2012, poucos imaginariam possíveis. Desde o início da reestruturação, nossa abordagem foi cuidar de *todas* as partes interessadas, como descrevo detalhadamente no Capítulo 7, e nosso propósito nobre teve um papel central em nosso crescimento e nossa evolução.

Como você já deve ter adivinhado, o propósito da Best Buy hoje em dia não é vender TVs ou laptops. Não é superar o Walmart ou a Amazon.

Então qual é e como chegamos a ele?

Em 2015, uma vez encerrada a reestruturação da companhia, dedicamos algum tempo a pensar no caminho que tínhamos à frente. Não estávamos mais afundando e, com a cabeça fora d'água, podíamos despender energia em imaginar onde queríamos nadar.

Durante nosso encontro trimestral de lideranças seniores, refletimos sobre como articular nosso propósito nobre. Há muitos modos de formular um propósito, mas qual era o da Best Buy? O que definia a companhia e o que ela poderia se tornar? Fizemos uma pesquisa analítica e o resultado mostrou que, embora a inovação tecnológica fosse empolgante, muitos clientes precisavam de ajuda para entender as possibilidades dessa inovação e como aproveitá-las. Também tivemos que acionar as dimensões criativas e emocionais. Durante um desses dois dias de imersão, compartilhamos nossas histórias de vida e nossos objetivos pessoais durante o jantar, o que nos ajudou, pouco a pouco, a definir o que amávamos fazer coletivamente – uma das quatro dimensões do diagrama de propósito apresentado no Capítulo 2. Após cerca de dois anos, chegamos a uma formulação satisfatória, que dava sentido ao negócio e era totalmente coerente. E que tinha um significado para nós, como seres humanos.

O propósito da Best Buy era *enriquecer a vida dos clientes por meio da tecnologia*. Faríamos isso atendendo a suas principais necessidades humanas em áreas como entretenimento, produtividade, saúde e bem-estar, comunicação, alimentação e segurança.

Guiados por esse propósito nobre e colocando as pessoas em primeiro lugar, a Best Buy ilustra por que essa perspectiva funciona: porque abre novos horizontes; porque é inspiradora; porque garante que a atividade econômica seja sustentável; e porque, afinal, é lucrativa.

Essa perspectiva expande horizontes

Um propósito nobre cria uma visão abrangente e duradoura que leva a novos mercados e novas oportunidades. "Enriquecer a vida das pessoas atendendo a suas necessidades humanas fundamentais por meio da tecnologia", por exemplo, permite muitas atividades além de vender eletrônicos de consumo. Amplia as possibilidades de atuação da Best Buy.

Essa perspectiva também prepara a empresa para uma mudança de mercado. Daqui a 20 anos, enriquecer a vida dos clientes por meio da tecnologia ainda será relevante, mesmo que televisores e computadores pessoais não sejam mais. Enriquecer vidas com tecnologia, seja qual for a tecnologia, nunca será uma tarefa concluída. Esse propósito continuará impelindo a companhia a ser sua melhor versão possível em vez de ser melhor do que alguma outra. Com esse novo propósito, a Best Buy passou a ter um objetivo ambicioso, duradouro e inspirador. A empresa nunca deixará de buscar o melhor que é capaz de ser. Seu propósito nunca estará totalmente realizado e a jornada nunca chegará ao fim enquanto continuarmos a entregar resultados a todas as partes interessadas.

Essa perspectiva inspira pessoas

Você se lembra dos dois construtores do Capítulo 2, um dos quais estava cortando pedras, ao passo que o outro estava construindo catedrais? O que vale para construtores (e indivíduos em geral) vale também para organizações. Um propósito claro não é apenas uma ferramenta estratégica. Para ser eficaz, ele também precisa inspirar e orientar. Cortar pedras é um trabalho maçante. Erguer catedrais é um propósito nobre que inspira, porque ajuda a atender à busca humana por significado. Compare o sonho de enriquecer vidas por meio da tecnologia com a ideia de vender aparelhos de TV e computadores ou de maximizar o valor para o acionista. Qual desses conceitos lhe parece mais capaz de fazê-lo pular da cama de manhã, empolgado para ir trabalhar? Sempre que me lembro daquele terrível verão que passei colando etiquetas de preço em latas de vegetais eu penso na Wegmans, a rede americana de mercearias cuja missão é ajudar as famílias a levar uma vida melhor e mais saudável por meio da alimentação. Além de produtos acessíveis e de qualidade, a Wegmans é famosa por ter funcionários felizes. É por isso que articular e incorporar um propósito nobre é um aspecto crítico no enfrentamento da epidemia de profissionais descomprometidos.

Anthony Wu, um camisa azul da loja da Best Buy em Mountain View, Califórnia, ilustra a diferença entre cortar pedras e construir catedrais. Uma cliente disse a ele que queria um fone de ouvido, mas não sabia qual escolher. Anthony podia recomendar logo de cara o mais sofisticado – e caro – ou podia dedicar algum tempo a compreender do que a mulher precisava. Ele começou a conversar. Estimulada pelo interesse de Anthony, a cliente explicou que tinha dificuldade de se concentrar no trabalho, pois era um escritório amplo e sem divisórias. Ela precisava bloquear parte do barulho, mas não todo, para poder ouvir quando precisassem falar com ela. Anthony entendia bastante de fones de ouvido. Depois que compreendeu a situação, ele recomendou os que melhor resolviam o problema – que, aliás, não eram os mais caros. A cliente ficou feliz, pois encontrou alguém que a ouviu e a ajudou. E Anthony também se sentiu bem: não é obrigado a empurrar fones caros para os clientes e fez uma diferença positiva no dia a dia de alguém. Essa é uma autêntica experiência de conexão humana no trabalho.

Essa perspectiva não inspira apenas os funcionários. Em sua palestra de grande audiência no TED Talk de 2009, Simon Sinek alega que é o propósito – "o porquê", como prefere chamar – que de fato diferencia os líderes e as organizações mais inspiradores. As organizações que inspiram lealdade profunda em seus clientes são aquelas capazes de pensar, agir e se comunicar a partir de seu propósito. "As pessoas não compram *o que* você faz", diz Simon Sinek, "mas *por que* você o faz."[2]

Essa perspectiva garante que a atividade econômica seja sustentável

Vou ser claro: discordo profundamente da ideia de Milton Friedman de que os negócios não envolvem questões sociais. Não tem como haver negócio próspero sem comunidades saudáveis e prósperas e não tem como haver negócio próspero se nosso planeta estiver em chamas. A pandemia de covid-19 evidenciou essa relação entre comunidades e a saúde das empresas.

Cada uma vai decidir como tratar dessas questões, como defendo no Capítulo 6, mas acredito que precisam, sim, fazer sua parte. Não apenas é o certo a fazer: é, em última instância, do seu interesse.

Essa perspectiva é lucrativa

Gosto da piada sobre dois engenheiros, um americano e o outro francês. O francês mostra ao colega americano sua invenção e explica a teoria por trás dela. "Ótimo", diz o americano, "mas isso funciona na prática?" Então é a vez de o americano pôr para funcionar sua invenção. "Fenomenal", diz o francês, "mas isso funciona na teoria?"

A perspectiva da organização humana com propósito satisfaria tanto o engenheiro americano quanto o francês. Funciona na teoria e na prática. Como constatei em minha experiência, algumas das companhias mais bem-sucedidas no mundo adotaram esses princípios. Falarei de duas que conheço bem, pois fiz parte do conselho de ambas.

A primeira é a Ralph Lauren Corporation, que definiu seu propósito humano como *inspirar o sonho de uma vida melhor por meio de autenticidade e estilo atemporal*. "O que eu faço", declarou o próprio Ralph Lauren, "diz respeito a viver a melhor vida possível e aproveitar plenamente o que está à sua volta, desde o que a pessoa veste até o modo como vive e ama."[3] Isso define a empresa não como uma marca de vestuário, e sim como um estilo de vida. É muito mais inspirador para os funcionários da Ralph Lauren do que vender roupa, além de ser um propósito mais duradouro e de alcance mais amplo. Essa é a catedral que eles estão construindo.

A segunda companhia que eu gostaria de mencionar é a Johnson & Johnson. No saguão de sua sede em New Brunswick, Nova Jersey, há uma placa de 2,5 metros de altura e 6 toneladas feita de quartzo e calcário. Gravado nessa pedra está o credo da companhia, quatro parágrafos escritos originalmente em 1943 pelo filho do fundador pouco antes de a companhia abrir o capital. O princípio fundamental do credo da J&J é colocar em primeiro lugar as necessidades e o bem-estar das pessoas às quais ela serve. Isso define as responsabilidades da empresa para com seus clientes, funcionários e acionistas, bem como para as comunidades locais e do mundo.⁴ O texto já foi revisto várias vezes, mas seus princípios básicos não mudaram. O credo da J&J é não apenas sua bússola moral, mas também a luz que a guia na tomada de decisões, a receita para seu sucesso duradouro.

Empresas que adotam essa abordagem de negócios, tal como fizeram a Best Buy, a Ralph Lauren e a Johnson & Johnson, podem se tornar "empresas humanizadas", termo cunhado por Raj Sisodia, Jag Sheth e David Wolfe.⁵ Essas empresas – entre as quais estão a Whole Foods, a 3M e a Timberland – construíram negócios de alto desempenho produzindo resultados financeiros superiores fundamentados em propósito, autodesenvolvimento e parcerias genuínas que beneficiam todas as partes interessadas. Elas são a linha de frente de um capitalismo transformador. Em 15 anos, superaram 14 vezes o S&P 500.⁶ Isso confirma que um negócio pode ser bom, fazer uma diferença positiva nas vidas das pessoas *e* ser extremamente interessante para seus acionistas, porque seu sucesso se constrói sob uma condução responsável.

Muitos outros estudos confirmaram que o propósito se paga.⁷ Empresas que a revista *Barron's* classifica como as mais sustentáveis dos Estados Unidos (entre elas a Best Buy) geraram um retorno financeiro médio de mais de 34% para seus acionistas em 2019 – número 31,5% acima do S&P 500. Sua abordagem humana e com propósito conduz a boas estratégias, além de atrair e manter funcionários talentosos *e* comprometidos. Sua firme política ambiental não apenas reduz custos como atrai clientes, que cada vez mais querem gastar seu dinheiro em marcas que, além de atender bem a suas necessidades, adotam boas práticas de sustentabilidade.⁸

Uma revolução em andamento

A ideia de que os negócios têm como propósito contribuir para o bem comum e precisam cuidar de todas as partes interessadas, ou *stakeholders* (daí a expressão "capitalismo de *stakeholders*"), teve um progresso significativo na década passada.

Um número crescente de líderes corporativos está adotando essa forma de pensar. Larry Fink, líder da BlackRock, escreveu o seguinte em sua carta anual a CEOs de empresas nas quais a companhia de gestão de ativos tem participação: "Para prosperar ao longo do tempo, toda empresa precisa não só apresentar bom desempenho financeiro, mas também mostrar como contribui para a sociedade. Sem um propósito, nenhuma organização, seja pública ou privada, atingirá seu pleno potencial."[9] A BlackRock tem ativamente instigado as empresas nas quais tem participação para que formulem e expressem seu propósito mais amplo – um propósito que dê uma contribuição positiva para a sociedade – e o manifestem claramente em seu modelo e sua estratégia de negócios.

Fiquei animado com a carta de Larry, pois se alinhava muito com minhas crenças. Também me tocou o fato de Larry ter usado sua voz e sua considerável influência para pressionar por uma mudança. Isso contradizia fortemente a ideia de que acionistas só ligam para o preço dos papéis e para os resultados trimestrais. Vindo da maior empresa de gestão de ativos do mundo, tinha um peso real aquele chamado para que tenhamos como foco não o lucro a curto prazo, mas um propósito mais amplo: não apenas os acionistas, mas todas as partes envolvidas. Não uma miopia de mercado, mas um horizonte de longo prazo.

Em minha carta aos acionistas da Best Buy, respondi ao desafio de Larry Fink. Expressei o propósito nobre da Best Buy, que tinha sido introduzido formalmente alguns meses antes, em nossa reunião com investidores. Expliquei como a ideia de enriquecer vidas por meio da tecnologia ancorava não só nossa estratégia de crescimento (Building The New Blue), mas também o modo como nos relacionávamos com nossos funcionários, clientes e fornecedores, com o meio ambiente e com as comunidades locais. Como a BlackRock é acionista da Best Buy, decidi entregar minha carta a Larry Fink em mãos, o que fiz naquele mês de julho, na sede da BlackRock, em Manhattan. Foi também uma oportunidade de agradecer a Larry por sua liderança naquele debate tão importante.

Em agosto de 2019, a Business Roundtable, que reúne os CEOs das principais empresas americanas,[10] emitiu uma nova declaração quanto ao propósito de corporações: "Cada uma das partes interessadas no negócio é essencial", dizia o documento. "Estamos comprometidos em entregar valor a *todas* elas, em nome do sucesso de nossas companhias, nossas comunidades e nosso país."[11] Foi uma mudança considerável em relação à posição assumida pela organização em 1997, de que as corporações existem primariamente para servir aos acionistas. Os 181 CEOs que assinaram a declaração da Business Roundtable em agosto de 2019 assumiram o compromisso de entregar valor a seus clientes, investir em seus funcionários, negociar justa e eticamente com seus fornecedores, apoiar as comunidades nas quais suas companhias atuam *e* – sim – gerar valor a longo prazo para seus acionistas, é claro. "Ainda que cada uma de nossas empresas trabalhe individualmente por seu propósito corporativo, compartilhamos um compromisso fundamental com *todos* os envolvidos em nossos negócios", dizia a declaração.[12]

É animador ver essa visão avançar em toda parte. Em maio de 2019, por exemplo, a França promulgou uma nova lei reformulando – pela primeira vez desde 1804 – a definição de propósito corporativo que consta em seu Código Civil. Foi uma resposta a recomendações de CEOs. Se antes esse propósito se limitava ao interesse comum dos acionistas, agora as corporações precisam considerar o impacto social e ambiental de suas atividades. Além disso, podem definir explicitamente uma razão de ser – um propósito além dos lucros – em seu estatuto.

Isso é uma revolução, e as empresas têm poder, recursos e alcance sem precedentes para levá-la adiante. Segundo as receitas apuradas no ano de 2017, 69 das 100 entidades mais ricas do mundo são corporações, não governos.[13] Dados seu poder e seu alcance global, elas podem – e devem – ser parte da solução e ajudar a enfrentar os desafios que meus filhos e eu discutimos naquele jantar de Natal. Quando os Estados Unidos se retiraram do Acordo de Paris, por exemplo, várias companhias reagiram se comprometendo a atingir ainda mais rápido os objetivos do acordo para emissões de gases de efeito estufa, algo que beneficia o planeta e também os negócios. Esse tipo de ativismo precisa continuar a crescer. Se isso acontecer, a atividade econômica e o capitalismo serão transformados de dentro para fora.

Mas o ceticismo permanece. Muita gente não acredita que líderes empresariais e acionistas sejam sinceros em sua mudança para um capitalismo com propósito. Acham que é tudo da boca para fora, só para aplacar consumidores e trabalhadores.

No entanto, a distância entre a realidade atual e minha visão não se dá entre palavras e intenção, mas entre intenção e prática. Os líderes empresariais que conheço estão genuinamente convencidos de que o sistema precisa mudar[14] – e sabem que funcionários, clientes e investidores vão acabar derrotando quem estiver fingindo.

Boas intenções ou atalhos não vão levar, sozinhos, à mudança necessária. Produzirão apenas visões ocas e declarações de missão que só existem nos sites das companhias. Criar uma organização humana com um propósito que desencadeie a verdadeira mágica humana e faça uma diferença positiva no mundo não é só complexo, é também trabalho árduo. Afeta a atividade empresarial em tempos de bonança e nos momentos desafiadores. Exige uma transformação fundamental no modo de pensar a gestão e a liderança.

Não é fácil, mas é necessário. Como fazer acontecer essa mudança tão profunda? É o que vamos explorar nos próximos capítulos.

Para refletir

- A empresa em que você trabalha já formulou um propósito nobre e inspirador?
- A empresa em que você trabalha tem traduzido esse propósito no desenvolvimento de relações significativas com clientes, funcionários, fornecedores, acionistas e as comunidades em que opera?
- Está funcionando?
- Se não está, o que poderia fazer com que funcionasse?

6

Fazendo o propósito nobre funcionar

O diabo está nos detalhes, mas a salvação também.
– Hyman G. Rickover, almirante da Marinha dos Estados Unidos

Stanley é um idoso que está se recuperando em casa após um transplante duplo de pulmão. Um dia, ele recebe a ligação de um agente de cuidados da Best Buy, que lhe pergunta como tem estado. "Muito bem", responde Stanley.

Mas Stanley não está muito bem. E o agente sabe disso. Graças a vários sensores instalados na casa dele e à inteligência artificial que analisa os dados enviados, o agente pode avaliar se Stanley está comendo e dormindo o suficiente, se está se movimentando e usando o banheiro. Ele notou que Stanley não tem aberto a geladeira com uma frequência compatível com o padrão de quem se alimenta regularmente. Capacitado para interagir com idosos, o agente consegue identificar que, apesar de responder que está bem, Stanley não tem comido o suficiente. Na verdade, ele enfrenta dificuldade para manter a comida no estômago. O agente então providencia ajuda.

Uma coisa é falar sobre ter um propósito nobre, sobre ter as pessoas como o centro das organizações, mas como seria isso na prática? Quando me fazem tal pergunta, eu conto histórias como essa. Ajudar clientes de idade avançada a ter um dia a dia seguro em casa é enriquecer vidas por meio da tecnologia. No entanto, como garantir que esse propósito esteja enraizado profundamente na empresa a ponto de guiar todos os aspectos do negócio e se expresse em ações concretas, como aconteceu com Stanley?

Não é fácil. É preciso que o propósito nobre seja a pedra angular da estratégia corporativa, abarcando e mobilizando todos os envolvidos e alinhando práticas de gestão. Esses esforços costumam exigir que se repense o modo de fazer negócios mudando práticas do passado que muitos líderes, inclusive eu, fomos treinados a adotar como verdades imutáveis.

O propósito nobre como a pedra angular da estratégia empresarial

O propósito nobre da Best Buy, de enriquecer vidas por meio da tecnologia, não se limitou a um slide de apresentação. Mudou totalmente nossa estratégia e nosso modo de operar. Desencadeou inovação e crescimento significativos. Após meses de intensa análise de dados, identificamos entretenimento, produtividade, comunicações, alimentação, segurança e saúde/bem-estar como as necessidades humanas básicas que queríamos atender. Era nessas esferas que poderíamos enriquecer vidas por meio da tecnologia. E faríamos isso mudando nosso foco de transações e venda de produtos para desenvolvimento de soluções e relacionamento duradouro com o cliente.

Stanley era testemunha e beneficiário dessa decisão.

O serviço de atendimento à saúde de idosos passou por nosso teste de quatro perguntas: encaixava-se no propósito da companhia, era bom para o cliente, podíamos entregar e podíamos ganhar dinheiro com isso. Dez mil pessoas completam 65 anos todos os dias nos Estados Unidos e estamos vivendo mais. A maioria dos idosos quer ficar em casa o maior tempo possível, embora dois terços deles tenham ao menos um problema crônico. O serviço de cuidados com a saúde enriquece a vida dessas pessoas, mas também a de seus filhos e seus cuidadores. Constitui uma alternativa viável às casas de repouso, que estão cada vez mais caras, além de beneficiar os setores de atendimento à saúde, seguradoras e os planos, ajudando a diminuir custos.

Se não houvéssemos conectado nosso propósito a nossa estratégia, não teríamos identificado oportunidades que hoje rendem frutos à Best Buy, como o serviço de "suporte tecnológico total" (Total Tech Support) e a oferta de consultores em domicílio. O objetivo é enriquecer vidas por meio da tecnologia, portanto nosso Esquadrão Geek ajuda você a interagir com seus aparelhos, não importando em que loja você os tenha comprado. E os consultores em domicílio proveem soluções técnicas que são mais bem aplicadas nas residências, não nas lojas. Com o tempo, o consultor da Best Buy passa a ser seu especialista pessoal. Isso ajuda os clientes, que podem desenvolver uma relação duradoura com um profissional capaz de ajudá-los a aproveitar a tecnologia ao máximo, e ajuda também a Best Buy, pois encontrar novos modos de ajudar os clientes traz mais receitas e lucros.

Em 2012, as pessoas estavam convencidas de que a Best Buy ia morrer, porque o consumo de eletrônicos não vinha crescendo muito e era cada vez mais customizado. Talvez a Best Buy tivesse de fato morrido se nossa estratégia refletisse a ideia de sermos uma rede de lojas que vendia eletrônicos de consumo. A construção de uma estratégia baseada em nosso propósito nobre, uma lente muito mais expansiva, mudou o jogo. Nosso ambiente de mercado era, na verdade, rico em oportunidades. A teia de iniciativas que constituiu nossa estratégia de crescimento "Best Buy 2020: Construindo o Novo Azul", lançada em 2017 após a reestruturação, se conectava inteiramente com aquele único propósito: o sonho de enriquecer a vida dos clientes por meio da tecnologia.

Esse modo de agir, no entanto, se opõe a algumas práticas estabelecidas. Tradicionalmente, a estratégia é articulada em torno da ideia de ser a melhor marca ou a empresa líder em sua categoria – como a GE, que sempre buscou ser a número um ou dois em seus segmentos de mercado. Eu também já fiz isso. Quando era CEO da CWT, queria que superássemos a American Express e assim alcançássemos o topo em serviços de viagens corporativas. Mas o desejo de vencer uma corrida contra outra companhia não pode e não deve ditar uma estratégia. Tais ambições criam um jogo de soma zero que limita a estratégia e sua execução, além de não serem muito inspiradoras, significativas nem gratificantes.

Imagine que você é o responsável pela estratégia de um plano de saúde. Se seu propósito for definido em termos de lucros, sua melhor estratégia é garantir que seus clientes utilizem seu serviço o menos possível. A interação com o consumidor se resumirá a receber os valores mensais e gerenciar solicitações. Se, por outro lado, seu propósito nobre for ajudar as pessoas a levar uma vida mais saudável, a estratégia muda radicalmente.

Foi assim que a Discovery, uma empresa de serviços financeiros da África do Sul, definiu seu propósito. Por conta disso, sua estratégia produziu o Vitality, um modelo de negócios que revoluciona os seguros tradicionais. Recorrendo à economia comportamental e à ciência clínica, a Discovery firmou parcerias com empresas de tecnologia, mercados, lojas de varejo, academias de ginástica e outros, tudo para oferecer uma ampla gama de incentivos, jogos e eventos que estimulam os membros da Vitality a se exercitar, se alimentar bem e fazer exames regularmente. Esse modelo de negócios permite também uma precificação dinâmica do risco. O resultado? As frequentes e gratificantes interações com o consumidor asseguram a fidelidade dele. O estilo de vida mais saudável melhora seu bem-estar, tanto individual quanto coletivamente, pois reduz o peso e os custos com tratamentos. Os lucros resultantes beneficiam a empresa, seus fornecedores e seus acionistas. Todos lucram com esse "plano de valor compartilhado".

Abraçando e mobilizando todas as partes interessadas

Quando o CEO francês Jean-Marie Descarpentries foi o centro das atenções naquele jantar na McKinsey anos atrás, ele me disse que, em sua opinião, 98% das perguntas do tipo "ou isso ou aquilo" são mais bem respondidas com um "e".

Foi mais uma ruptura para mim. Eu estava acostumado, na época, a um mundo de decisões binárias: devemos nos concentrar nos custos *ou* nas receitas? Nos custos *ou* na qualidade? Devemos cuidar mais de nossos clientes *ou* de nossos funcionários *ou* de nossos acionistas? Devemos formar parcerias com nossos fornecedores *ou* concorrer com eles? Devemos nos preocupar com o meio ambiente e a comunidade *ou* buscar apenas lucros? Devemos nos concentrar no longo *ou* no curto prazo?

Hoje em dia acredito, assim como Jean-Marie, que essas questões representam um binarismo artificial. Não vamos maximizar nosso desempenho escolhendo focar em uma das partes interessadas, mas abraçando e mobilizando todas – escolhendo funcionários *e* clientes *e* acionistas *e* a comunidade.

Se sua formação e sua experiência, assim como as minhas, o ensinaram a colocar os lucros em primeiro lugar, talvez você julgue essa ideia otimista demais e a descarte. Não vou dizer que é fácil, mas jogos de soma zero podem ser reformulados. Veja alguns exemplos de como a Best Buy fez isso.

Agradando clientes

Depois que formulamos nosso propósito nobre, logo ficou claro que tínhamos muito mais trabalho a fazer. Faltava algo: a maioria dos funcionários não captou o que esse novo propósito significava, em termos concretos, para eles e para o trabalho que realizavam. E, enquanto eles não captassem isso, o propósito não seria uma realidade.

"Temos que começar de dentro", me disse Mike Mohan. Isso foi em 2017, e Mike, que mais tarde se tornaria presidente e COO (diretor operacional) da Best Buy, trabalhava com o então diretor de marketing, Whit Alexander, na reinvenção da companhia. Na Best Buy, diziam eles, enriquecer vidas por meio da tecnologia deve começar com as pessoas – com as *nossas* pessoas.

Como somos quando estamos no nosso melhor momento? Se fosse uma pessoa, como a Best Buy se comportaria? Para responder a essas perguntas, realizamos uma série de workshops com os líderes que mais conheciam a empresa. A partir desses workshops, chegamos à ideia de que a Best Buy, por meio de seus vendedores, era um "amigo inspirador" que ajudava os clientes a compreender o que queriam fazer e a imaginar como a tecnologia pode ajudá-los.

A partir disso, definimos como esse "amigo inspirador" (que todos na empresa deveriam incorporar) se comportaria para cumprir essa promessa. "Ser humano" era um comportamento esperado. Para esclarecer o que isso significava na prática, realizamos os workshops em todas as lojas dos

Estados Unidos. Numa manhã de sábado, todo o pessoal de cada loja se reunia às 7h30 por duas horas. Eles assistiam a um vídeo preparado pelo diretor de marketing ou pelo CEO? Não. O gerente da loja primeiro lhes falava da ideia básica por trás dos comportamentos esperados, depois abria um debate para que os vendedores trocassem histórias e contassem como algum amigo os tinha inspirado em especial.

Participei de um desses treinamentos numa loja de Nova York. Uma vendedora nos contou que tinha ficado sem ter onde morar depois de escapar de um namorado abusivo e que a Best Buy agora era sua família. Eu contei que sempre admirei meu irmão mais velho, Phillippe, por sua energia e sua generosidade infinitas.

Depois de experimentar entre si como era "ser humano", ficou claro para os colaboradores como poderiam se relacionar com clientes da mesma maneira – seja ajudando idosos como Stanley ou pessoas em busca de fones de ouvido. Todos participavam desses workshops, inclusive os membros do conselho de administração.

Não foi a primeira vez que vivenciei como a ação de pôr as pessoas e os clientes na frente de um foco obsessivo com lucros a curto prazo dá bons resultados. Logo após ter me tornado CEO da divisão de videogames da Vivendi, em 1999, viajei para Irvine, na Califórnia, para conhecer a equipe que conduzia a Blizzard Entertainment. Se você é do setor de videogames, não precisa que eu lhe apresente a Blizzard. Seus títulos campeões de venda, como *Diablo* e *World of Warcraft*, fizeram dela a Pixar dos videogames. Assim que pisei no escritório, fui impactado pelo entusiasmo quase tangível em criar os jogos mais épicos. Todos os funcionários, da recepcionista ao presidente, eram apaixonados por videogames. Não apenas tinham uma conexão direta com seus clientes – eles *eram* os clientes. Envolviam *gamers* assíduos no desenvolvimento de jogos, incorporando o feedback que recebiam deles. Eram rigorosos com a qualidade e queriam que seus jogos fossem os mais divertidos para o maior número de pessoas possível.

Eu me reuni com o cofundador e então presidente Mike Morhaime. "Vamos acertar logo que você não vai decidir quando os jogos serão lançados", ele me disse. Não haveria pressão para lançar jogos novos enquanto não estivessem totalmente finalizados. Não importava se demorassem, contanto que fossem excelentes. A equipe compreendia que os resultados financeiros seriam uma consequência. Compreendia que o cerne do sucesso da empresa era o relacionamento com os clientes, que a seguiam como a uma seita com milhões de seguidores no mundo inteiro – só *World of Warcraft* tinha 12 milhões de assinantes mensais em 2010. Comprometer a qualidade lançando jogos antes que estivessem impecáveis abalaria essa adesão – e só prejudicaria os resultados financeiros a longo prazo. Compreendi que essa abordagem era a melhor não apenas para os clientes da Blizzard, mas também para seus acionistas.

Parceria com fornecedores e concorrentes

Entrar numa queda de braço com fornecedores para reduzir custos e aumentar as margens de lucro é bom, especialmente num processo de reestruturação, certo? Sim, lidar com fornecedores envolve alguma queda de braço. Mas não exclui uma parceria, de um modo que beneficie ambos os lados. A maneira como a Best Buy trabalhou com seus fornecedores, inclusive aqueles que supostamente seriam concorrentes, foi um ingrediente-chave em sua retomada e ilustra como tais parcerias transcendem a visão do mundo dos negócios como um jogo de soma zero.

Quando assumi a Best Buy, estávamos numa posição estranha em relação a muitos de nossos fornecedores, da Apple à Microsoft e à Sony. Eles estavam desenvolvendo lojas de varejo próprias, que poderiam competir com as nossas. Ao mesmo tempo, a Best Buy operava milhares de lojas que ofereciam o tipo de proximidade e acessibilidade de que eles precisavam para comercializar sua tecnologia. Eu sabia, por minha experiência no segmento de viagens, que fornecedores podem ser uma fonte de receita. E precisávamos encontrar um modo de cobrir nossos custos: pouco depois de eu começar, decidimos equiparar os preços das lojas físicas com os preços on-line, para desestimular a prática do *showrooming* – em que clientes potenciais vão até a loja para tirar dúvidas e testar produtos, mas no fim acabam comprando on-line. A Best Buy precisava de seus fornecedores, e os fornecedores precisavam da Best Buy. Teria que haver maneiras de nos ajudarmos reciprocamente, talvez mediante parcerias estratégicas.

Em minha primeira semana na Best Buy, declarei isso ao *Star Tribune*, jornal de Minneapolis. J. K. Shin, então coexecutivo-chefe da Samsung Electronics, captou minha ideia ao pé da letra e pegou um avião para Minneapolis a fim de discuti-la comigo. Durante o jantar, explorei a possibilidade de criarmos minilojas exclusivas da Samsung dentro das lojas da Best Buy. Essa estratégia de uma loja dentro da loja economizaria para a Samsung tempo e capital e, ao mesmo tempo, daria aos consumidores desejosos de experimentar os novos produtos Galaxy da Samsung bons motivos para visitar as lojas da Best Buy. A Samsung poderia se concentrar em produto e inovação, enquanto nós cuidaríamos da venda a varejo. Isso fazia muito sentido para ambas as empresas e para nossos clientes. Ao terminar o jantar, a parceria estava decidida.

Inauguramos a Experiência Samsung – uma vitrine interna da marca – na nossa loja na Union Square, em Nova York, poucos meses depois. Funcionou. Logo havia minilojas da Experiência Samsung em todas as unidades da Best Buy por todo o país, ajudando a aumentar as vendas de produtos Samsung nos Estados Unidos e nos ajudando a compensar nossos custos.

Aplicamos o mesmo modelo a outros fornecedores, entre eles Microsoft, Sony, LG, AT&T, Verizon, Sprint, Canon, Nikon e Google. A estratégia contribuiu para revitalizar a enfraquecida linha de televisores da Sony. A Apple, com a qual tínhamos desenvolvido a primeira experiência de loja dentro de loja, em 2007, também decidiu redobrar os esforços e investir mais em nosso espaço, embora ainda atuasse no varejo sob a própria bandeira. E, em 2019, a Apple anunciou que a Best Buy daria assistência a seus produtos, ajudando assim os muitos consumidores que não tinham uma loja da Apple por perto. Bom para os consumidores, bom para a Apple e bom para a Best Buy, pois era mais um motivo para os clientes visitarem nossas lojas.

Se a Best Buy tivesse mantido a missão de vender eletrônicos, a prática de *showrooming* poderia ter nos liquidado, pois cada vez mais clientes usavam nossas lojas para ver os produtos ao vivo e depois os encomendavam na Amazon. Mas conseguimos estabelecer parcerias eficazes com as principais empresas de tecnologia do mundo em torno de nosso propósito reformulado, de modo que agora elas financiam espaços de venda próprios dentro de nossas lojas, inclusive marketing e treinamento de pessoal.

Transformamos a prática de *showrooming* em algo que chamamos de *showcasing*, isto é, a exibição leva à efetivação da venda no próprio local.

Assim, se você entrar hoje numa loja da Best Buy, vai encontrar uma loja da Apple, uma da Microsoft e uma da Samsung, bem como uma loja da Sony, uma da LG e uma da Google.

E uma da Amazon.

Sim, a Amazon, o concorrente disruptivo, o Golias que supostamente nos mataria.

Sempre vendemos produtos da Amazon, a começar pelo Kindle. Quando a Amazon expandiu sua linha e incluiu uma ampla gama de produtos compatíveis com a Alexa, abrimos espaço para eles e fizemos demonstrações ao vivo junto a um espaço equivalente dedicado à linha concorrente da Google. Enquanto o mundo via a Amazon como uma ameaça à nossa existência, nós a víamos como mais uma parceria mutuamente benéfica que poderia se tornar uma história de sucesso de *showcasing*.

Uma oportunidade ainda maior se apresentou em 2018 com a nova plataforma da Amazon, a FireTV. Numa conferência de imprensa que realizamos em nossa loja de Bellevue, em frente à sede da Amazon em Seattle, Jeff Bezos e eu anunciamos juntos uma parceria expandida. A Amazon cedeu à Best Buy direitos exclusivos de venda do dispositivo FireTV embutido em aparelhos de TV. Os únicos lugares onde se poderia comprar cerca de uma dezena de modelos seriam uma loja da Best Buy e o site da Amazon.

"Comprar uma TV é algo que pede muita reflexão", explicou Jeff durante a conferência de imprensa. "As pessoas querem vir e ver a TV. Querem experimentar a TV, testá-la."

O *Star Tribune* considerou aquele momento surreal: "Jeff Bezos, cuja empresa muitos um dia pensaram que acabaria com a Best Buy, não só trocou cumprimentos com sua concorrente como também reconheceu que poderia se valer de sua ajuda."[1]

"As lojas físicas sempre terão seu espaço", disse Jeff. "O e-commerce está se tornando parte de todas as coisas, mas não tudo."[2]

Essa grande "sacada" foi na verdade a extensão natural de colocar o propósito e as pessoas como o coração do negócio. Jeff me disse que a confiança que nossas duas equipes tinham construído trabalhando juntas nos anos anteriores fora crucial em sua decisão por uma parceria tão estreita.

Ajudando a comunidade a prosperar

Como já expliquei, acredito firmemente que se envolver em questões sociais é parte dos negócios.

Mas como uma empresa pode decidir quais causas priorizar? Como identificar quando é ou não correto tomar uma atitude e agir? Como evitar a armadilha na qual caem tantos programas de responsabilidade social corporativa (RSC), que se transformam em iniciativas aleatórias que padecem de pouca coordenação e, em geral, pouco envolvimento ativo do CEO?[3]

Alinhando os interesses da empresa a seu propósito nobre e garantindo que ele seja parte de sua estratégia, não um acessório. Considere o meio ambiente: o futuro dos negócios depende do futuro do nosso planeta. Não à toa, um número crescente de empresas vem incorporando a sua operação a luta contra a mudança climática e a degradação ambiental.

Tenho orgulho em dizer que a Best Buy reduziu sua pegada de carbono em 55% nos últimos 10 anos, por exemplo, passando a usar lâmpadas LED em nossas lojas e carros híbridos para os agentes do Esquadrão Geek, que são essencialmente equipes móveis. Isso ajuda o meio ambiente e nos ajuda a economizar nos gastos em energia. Repito: não é um jogo de soma zero.

Fazer uma diferença significativa vai cada vez mais envolver a cooperação de outros atores do setor econômico. A ação coletiva cria um impacto maior e mais rápido. Se uma massa crítica no setor unir forças para um compromisso coletivo, então questões competitivas não poderão ser usadas como pretexto para a inação. Um exemplo é a iniciativa anunciada em agosto de 2019 pelas maiores e mais influentes empresas de moda, entre elas Adidas, Chanel, Nike, Ralph Lauren e o gigante francês de luxo Kering. O pacto, firmado na cúpula do G7 em Biarritz, trata do impacto das atividades econômicas sobre a mudança climática, a biodiversidade e a poluição dos oceanos. As marcas envolvidas no acordo representam mais de 30% do volume de produção de toda a indústria da moda. É o tipo de ação coletiva (entre companhias, mas também envolvendo ONGs, governos e agências de ajuda humanitária) que Paul Podman, ex-CEO da Unilever, está buscando com a Imagine, a corporação e fundação que ele ajudou a criar e preside. A Imagine, que contribuiu para reunir CEOs num compromisso com o Pacto da Moda, está procurando um meio de escalar

– e rápido. Críticos apontam que o pacto não é perfeito, mas é uma ação coletiva e coordenada que representa um passo na direção correta.[4]

Atuar contra as graves desigualdades existentes nas comunidades nas quais operamos é outra prioridade. De sua parte, a Best Buy tem construído e implementado centros técnicos que oferecem formação prática em tecnologia para jovens de comunidades desfavorecidas, dando-lhes oportunidades de caminhos e carreiras. No final de 2020, havia cerca de 40 desses centros. Nossos fornecedores ajudaram a construí-los, ressaltando a ideia de que a iniciativa privada pode usar esforços coletivos para fazer o bem. As empresas podem dar suporte a comunidades locais de diversas maneiras, mas as iniciativas são muito mais potentes, de alcance maior e mais bem-sucedidas quando se alinham com o propósito da empresa, quando se tornam uma extensão do negócio, não um acréscimo arbitrário.

Muitos negócios se mobilizaram também em torno de questões sociais relevantes para sua força de trabalho atual e futura, como educação, imigração e direitos das minorias. A atuação decisiva do cofundador e co-CEO da Salesforce, Marc Benioff, no apoio aos direitos da comunidade LGBTQIAPN+ trazia o risco de afetar as receitas da empresa, mas Benioff a considerou um divisor de águas na companhia e em seu papel como CEO. Sua atuação pública deu mais visibilidade à Salesforce, que continuou a ter ganhos recordes. Ele também enviou um sinal claro aos funcionários quanto aos valores da companhia. "Já se foi o tempo em que era possível recrutar e reter talentos sem ter um compromisso com valores", conclui Benioff. "Nenhum negócio terá êxito no futuro enquanto não abraçar a ideia de que valores *geram* valor."[5]

Um dos posicionamentos públicos da Best Buy teve início numa manhã no fim de agosto de 2017. Eu estava em meu escritório lendo as notícias quando deparei com uma carta assinada por alguns líderes executivos da Costa Oeste endereçada ao então presidente americano Donald Trump e a todos os congressistas. A administração Trump tinha anunciado que rejeitaria o programa Daca (sigla inglesa para Ação Diferida para Chegadas Infantis), que permitia aos imigrantes ilegais que haviam chegado aos Estados Unidos ainda crianças estudar e trabalhar legalmente. A carta aberta instava líderes políticos a preservar a proteção a esses imigrantes e a aprovar leis que oferecessem uma solução permanente.

Como em muitas grandes organizações dos Estados Unidos, alguns de nossos funcionários estavam nessa situação, de modo que essa batalha política em Washington os deixava muito ansiosos. Precisávamos protegê-los. Além disso, sendo eu mesmo um imigrante, a situação me tocava profundamente. Porém, no quadro mais amplo, cerca de 800 mil jovens que tinham se registrado no programa de boa-fé, 97% dos quais estavam trabalhando ou estudando, subitamente se viram ameaçados de deportação imediata. Isso extrapolava o debate sobre imigração. Tinha a ver com justiça e humanidade. Por que a Best Buy não se juntava a essa ação coletiva?

Precisávamos fazer alguma coisa, e urgentemente. Liguei para Matt Furman, que era o encarregado da comunicação e das relações públicas. No final do dia, eu tinha assinado a carta aberta, acrescentando minha voz e a de nossa companhia ao coro de líderes que assumiram uma posição no debate. Também assegurei a nossos funcionários que a Best Buy estava do lado deles e forneceria ajuda jurídica se precisassem.

Um mês depois, a Best Buy ajudou a fundar a Coalition for the American Dream (Coalizão pelo Sonho Americano), dedicada a encontrar uma solução permanente para esses imigrantes. Infelizmente, essa solução permanece elusiva até hoje e a batalha continua nos tribunais. Em outubro de 2019, aderimos a uma petição feita na condição de *amicus curiae* à Suprema Corte dos Estados Unidos para apoiar o programa Daca. Em 18 de junho de 2020, a Suprema Corte rejeitou a tentativa da administração Trump de pôr fim ao programa. Isso provê uma prorrogação, que, assim se espera, dará tempo suficiente para que se encontre uma solução permanente. Enquanto isso, continuaremos a apoiar o que consideramos correto.

Remunerando acionistas

Cuidar de *todas* as partes interessadas não significa de modo algum marginalizar os acionistas. Que fique bem claro: o problema não está nos acionistas, e sim em considerar que eles não têm rosto, que são monólitos sem coração que precisam ser favorecidos em detrimento de todos os outros envolvidos no negócio. Descobri que, quando tratamos os acionistas como seres humanos, eles não são esses monstros do curto prazo, obcecados por lucros, como às vezes são retratados. A Best Buy comunicou explicitamente a seus acionistas que seu propósito não era ganhar dinheiro. Fizemos isso em novembro de 2012, quando revelamos o plano de retomada Renew Blue: mesmo quando estávamos encarando a possível morte do negócio, o plano cobria todas as partes interessadas. Fiz isso novamente em abril de 2019, durante uma assembleia com investidores, e senti que eles compreenderam perfeitamente.

Contar com a adesão de acionistas é mais fácil do que se imagina, porque ter um propósito nobre e cuidar de todas as partes interessadas tende a trazer grandes resultados para eles. O preço da ação da Best Buy passou de 11 dólares em novembro de 2012 a mais de 110 dólares no momento em que escrevo isto, cerca de oito anos depois.

Colocar as relações humanas no coração do negócio significa tratar bem a todos – inclusive investidores e analistas que não gostam de nossos papéis. Durante vários anos, um dos analistas financeiros que acompanhavam a Best Buy manteve sua recomendação de venda dos nossos papéis ao longo de todo o nosso processo de retomada e reestruturação. Poderíamos ter ficado frustrados com isso. Por que ele não via o progresso que estávamos fazendo? Mas esse analista estava apenas fazendo seu trabalho, aconselhando seus clientes tão bem quanto suas aptidões lhe permitiam. Assim, nossa equipe de relações com investidores dispensava a ele a mesma atenção que dispensava a qualquer outro analista. Tempos depois, até mesmo ele jogou a toalha e mudou sua recomendação. Trate todo mundo como se fosse um cliente, como um ser humano com necessidades reais. Uma revolução e tanto!

. . .

Uma vez que rejeitemos a visão de que o mundo dos negócios é um jogo de soma zero, não há limite para o poder do "e". Os negócios podem ir bem fazendo o bem. A Best Buy está atendendo às necessidades de americanos idosos como Stanley *e* crescendo num negócio totalmente novo. Nosso programa de reciclagem de eletrônicos economiza metais valiosos *e* direciona tráfego para as lojas, pois fornece um serviço útil aos clientes. Investir em lâmpadas de maior eficiência luminosa reduz a emissão de carbono *e* nossos custos operacionais, pois economiza energia. Investir nos Centros de Tecnologia para Adolescentes ajuda comunidades *e* contribui para que a Best Buy diversifique sua força de trabalho.

Eu acredito que o fator crucial para o sucesso nos negócios e na solução dos mais prementes desafios do mundo – esses que preocupam meus filhos e tantas outras pessoas da geração deles – implica abraçar e mobilizar clientes *e* fornecedores *e* comunidades *e* acionistas na busca por realizar um propósito nobre. Isso ocorre quando os funcionários se conectam com todos eles de coração.

Alinhando práticas de gestão

Para adotar um modelo focado no propósito e nas pessoas, é preciso mudar práticas de gestão centrais. Na Best Buy, isso refletiu a perspectiva de Jean-Marie Descarpentries, a saber: Pessoas → Negócios → Finanças.

Na prática, significa redefinir como você usa seu tempo e interage com os outros. Por exemplo, quando eu era CEO da Best Buy, adotei o hábito de começar as reuniões mensais de revisão de planejamento discutindo primeiro as questões relativas a funcionários, depois aquelas relativas a clientes, para só então entrar em finanças. É algo incomum, mas é um modo tangível de refletir a sequência certa de prioridades. Também ao apresentar meus informes ao conselho, adotava sempre essa sequência. Mesmo durante a reestruturação, quando a sobrevivência da companhia estava em jogo, passávamos mais tempo concentrados em pessoal e em como ajustar as operações e menos em questões financeiras.

Levei um tempo para aprender isso. Quando era presidente da EDS França, passava horas dissecando relatórios financeiros e fazendo intermináveis perguntas sobre números, explorando minúcias. Eu curto números e análises, então era algo que me dava satisfação. E, apesar de adotar a abordagem Pessoas → Negócios → Finanças, eu ainda escorregava para antigos hábitos quando os resultados decepcionavam. Mas agora me dou conta de que isso não levava a nada além de deixar minha equipe enlouquecida. Deixar o CEO fazer seu trabalho era um talento e uma disciplina que eu precisaria adquirir.

O Encontro de Lideranças da Best Buy para as Grandes Festas, que reúne gerentes de lojas de todo o país para dar início à temporada de fim de ano, é outro episódio que ilustra como práticas de gestão precisam e podem evoluir. É um momento crítico para o sucesso da Best Buy: nosso quarto trimestre responde, sozinho, por metade dos lucros anuais. A partir disso, seria de esperar que tudo nesse encontro de lideranças fosse voltado para a maximização dos resultados. Mas não. O último encontro do qual participei, em 2019, começou com funcionários da linha de frente e gerentes contando histórias pessoais sobre o que os inspirava. O palco estava no centro do salão, não na frente, e o CEO só falou no segundo dia. O encontro anual sempre começa com ações de caridade, como montar computadores para crianças desfavorecidas, para lembrar a todos que a humanidade – não os resultados financeiros – é o coração do negócio.

Também mudamos práticas de gestão mudando métricas. Os principais indicadores de desempenho (KPIs) devem estar além de dados financeiros ou rankings. Instrumentos para medir o progresso com todas as partes interessadas se multiplicaram ao longo dos anos, desde pesquisas com funcionários e pesquisas de satisfação dos clientes até pegadas de carbono e avanços em inclusão. Padrões de contabilidade vêm sendo desenvolvidos para incluir aspectos como impacto ambiental. Começam a surgir ferramentas para medir até que ponto o propósito está incorporado nas práticas da empresa.[6]

Esses parâmetros não são perfeitos. Mas nenhum parâmetro é, portanto a imperfeição não pode ser pretexto para a inação. Aqueles que se escondem atrás do argumento de que não podem fazer isso porque as métricas não são ideais me lembram a história do homem que perde a chave de casa no meio da rua, à noite. Ele a procura desesperadamente à luz de um poste. "Tem certeza de que foi aqui que perdeu suas chaves?", pergunta um amigo. "Não", responde ele, "mas aqui é o único lugar onde há luz."

Podemos e devemos avançar, especialmente com métricas externas capazes de impulsionar mudanças internas. Agências de avaliação, analistas financeiros e consultorias de voto para acionistas (*proxy advisors*) vêm cada vez mais considerando um âmbito maior de medidas e parâmetros quando analisam o desempenho e as perspectivas de companhias, embora ainda exista alguma defasagem. As consultorias de voto, por exemplo, ainda tendem a olhar somente para o retorno ao acionista quando avaliam a remuneração de executivos.

A jornada para o desenvolvimento e a adoção de indicadores de desempenho melhores, mais equilibrados e mais amplamente aceitos precisa continuar.

. . .

Todo esse papo de propósito nobre e conexão com o coração do negócio parece ótimo, você poderia pensar – até deparar com um obstáculo. Então a realidade se impõe e você precisa recorrer aos bons e velhos métodos de sempre, certo?

A história da retomada da Best Buy demonstra que essa perspectiva não se limita a empresas que vão bem. Na verdade, como veremos no Capítulo 7, esse foi o principal pilar que sustentou a ressurreição da companhia.

Para refletir

- Na sua empresa, como a estratégia reflete o propósito nobre?
- Sua empresa se relaciona com funcionários, clientes, fornecedores, comunidades locais e acionistas de um modo totalmente alinhado com seu propósito?
- Você tende a adotar uma postura "ou isso ou aquilo" ou consegue enfrentar desafios com "e"? Conseguiria reformular um problema atual de modo a encontrar uma solução em que todos saem ganhando?
- O que você discute primeiro nas reuniões: pessoas, negócios ou finanças?
- Como sua empresa mede o próprio desempenho com funcionários, clientes, fornecedores, comunidades e acionistas?

7

Como conduzir uma reestruturação numa empresa sem que todos passem a odiar você

Foi o melhor dos tempos, foi o pior dos tempos.
– Charles Dickens, *Um conto de duas cidades*

Veja um cenário típico: a empresa está passando por dificuldades; a administração anuncia redução de pessoal, demissões, reorganização interna; Wall Street aplaude; o preço das ações sobe, enquanto milhares de funcionários vão para casa. Já vimos esse filme e ouvimos sua trilha sonora de medo, raiva e descrença. É um filme que costuma deixar sequelas, com múltiplas rodadas de corte de custos. Os processos de reestruturação, também conhecidos como *turnarounds*, passaram a ser vistos como uma espécie de esporte sangrento, uma disputa para ver quem perde mais, um cruel retalhamento de pessoal, despesas e serviços ao consumidor.

Como isso pode fazer algum sentido?

Na minha opinião, colocar o propósito e as pessoas no coração do negócio, bem como as implicações práticas desse modelo (delineadas nos capítulos anteriores), não é um luxo reservado a negócios prósperos. Na verdade, esse é o próprio cerne do "manual da reestruturação", que desenvolvi ao longo dos anos com base no que aprendi em minha experiência na Best Buy e em outras organizações, bem como em estudos de outros resgates corporativos. Na época em que decidi seguir o conselho de Jim Citrin e assumir a Best Buy, eu já tinha liderado ou participado de meia dúzia de reestruturações. Essa experiência me deu confiança para embarcar naquela que acabou sendo uma incrível aventura, quando tantos de meus amigos em Minneapolis acharam que era loucura.

Os princípios desse "manual" são a antítese do esporte sangrento que descrevi no início deste capítulo. São o oposto de "cortar, cortar, cortar". Quando um negócio está numa condição crítica, as pessoas são cruciais para uma reestruturação bem-sucedida. A sobrevivência depende de quão energizados os funcionários estão e de quanto se importam com os clientes e todas as partes interessadas. Não estou defendendo um passeio no parque, um mundo cor-de-rosa. Refiro-me a mobilização, energização, a fazer as coisas acontecerem depressa a partir do foco no pessoal.

A história do Renew Blue, o plano de reestruturação da Best Buy lançado no fim de 2012, ilustra como fazer deslanchar a energia e promover as conexões humanas mais relevantes, significativas e eficazes durante crises e tempos difíceis. Mas, em vez de seguir a cronologia dos eventos, vou contar a história seguindo os princípios que orientaram nossa reestruturação:

- Sempre comece pelas pessoas;
- Sempre termine pelas pessoas;
- Gere energia humana.

Comece pelas pessoas – sempre

Quatro de setembro de 2012 foi meu primeiro dia como CEO da Best Buy. No entanto, em vez de ir para a sede da companhia, em Richfield, Minnesota, dirigi 100 quilômetros até St. Cloud, cidade que abraça o rio Mississippi, no interior do estado. Eu ia passar meus primeiros três dias na Best Buy trabalhando na loja da cidade, na Division Street.

Aprendendo com os funcionários da linha de frente

Eu tinha muito a aprender, pois era um novato não apenas na Best Buy como no segmento de varejo. Também sabia que ouvir os funcionários da linha de frente era a melhor maneira de fazer isso. Com minha calça cáqui e a icônica blusa azul da Best Buy com o crachá "CEO em treinamento", passei meu primeiro dia conhecendo a equipe, ouvindo, fazendo perguntas, percorrendo a loja, visitando cada departamento, observando os vendedores atendendo, fazendo mais perguntas. Terminado o expediente, fui à pizzaria local com a equipe de gerentes da loja. Passamos a noite conversando e nos conhecendo, bem como discutindo o que, aos olhos deles, estava funcionando ou não. Eram pessoas que lidavam diretamente com clientes todos os dias, realizando seu trabalho com as ferramentas que tinham à mão.

Eles sabiam muito sobre o que realmente estava acontecendo na Best Buy. Muito! Durante aquele jantar, por exemplo, uma das vendedoras ressaltou que a ferramenta de busca no site era um problema. Ninguém encontrava nada. Ela demonstrou isso digitando "Cinderela" no campo de busca: a ferramenta mostrou uma lista de câmeras Nikon. Inacreditável.

Durante a sobremesa, também descobri que muitos estavam insatisfeitos porque o desconto para funcionários tinha sido reduzido alguns meses antes. Esse desconto era um fator significativo na atração de muitos dos camisas azuis, pois são pessoas que adoram produtos eletrônicos, e a decisão de eliminar uma vantagem que eles valorizavam tanto os atingira duramente. Ainda mais irritante, disseram, tinha sido a decisão da diretoria, na mesma época, de introduzir os bônus de retenção para alguns altos executivos, a fim de mantê-los durante as turbulências.

No dia seguinte, almocei com Matt Noska, gerente-geral da loja. Assim como em minha experiência de cliente oculto, eu tinha notado mais cedo naquele dia que CDs, DVDs e videogames ocupavam muito espaço em loja. Peguei um guardanapo e pedi a Matt que desenhasse um esquema rudimentar do espaço da loja. O esboço dele mostrava que cerca de um quinto do espaço era dedicado a mídias físicas, que estavam perdendo terreno rapidamente para o streaming on-line. Telefones celulares, por outro lado, ocupavam uma parte minúscula (4%), apesar de a demanda ser altíssima. Eletroportáteis (como liquidificadores, processadores e cafeteiras) também eram populares e lucrativos, um mercado de 16 bilhões de dólares nos Estados Unidos e que só cresce,[1] mas infelizmente eram quase invisíveis em St. Cloud. Encontrei uma solitária batedeira numa prateleira escondida nos fundos da loja. Tudo isso representava claramente uma grande oportunidade.

De volta à loja, observei os clientes. Vi que conversavam um pouco com os camisas azuis e muitas vezes iam embora sem comprar nada. Estavam fazendo *showrooming*: colhendo recomendações e experimentando produtos, para depois encomendar on-line, de sites em que acreditavam que conseguiriam preços mais baixos. Isso desanimava os vendedores.

Eu estava curioso para compreender por que, na opinião dos camisas azuis, os clientes deveriam voltar à Best Buy. O que oferecíamos que outros varejistas não ofereciam? Os vendedores chegaram a conclusões muito heterogêneas e pouco convincentes, ainda que tenham se esforçado. Então percebi que a empresa não havia dado aos camisas azuis respostas claras a essa pergunta crucial. E isso significava que os clientes tampouco sabiam por que deveriam voltar à Best Buy.

Numa reunião em seu escritório no final de minha estada lá, Matt Noska me disse que a central da Best Buy dispunha de 30 ou 40 indicadores para medir o desempenho da unidade, desde cartões de crédito da loja e garantias estendidas até relatórios de vendas de acessórios por categoria de produto. Cada central tentava impor métricas diferentes e definia as suas como prioridade absoluta, o que deixava o pessoal da linha de frente e os gerentes perdidos, desorientados e sobrecarregados. Eu vi como isso estava afetando a marca aos olhos dos clientes.

O que aprendi naqueles primeiros dias, ouvindo os funcionários da loja e observando o que acontecia ali, eu nunca teria compreendido em planilhas ou reuniões com executivos na sede. Após passar alguns dias ouvindo meus novos colegas e observando seu trabalho, eu tinha muitas ideias do que poderia fazer – e fazer rápido – para começar a reverter a situação. Quando um negócio está com problemas graves, ouvir os funcionários da linha de frente é o melhor ponto de partida para identificar depressa quais coisas "malucas, bobas ou idiotas", como mencionei mais tarde aos gerentes de loja, estavam atrapalhando os negócios. A reestruturação da Best Buy começou com os camisas azuis de St. Cloud.

Colocando as pessoas certas no topo

Começar pelas pessoas significa também garantir que você conta com a equipe executiva certa. Se um negócio está indo bem, o mérito cabe ao pessoal da linha de frente; se está em dificuldades, a responsabilidade é da alta direção. Tal como Mao Tsé-tung, acredito que o peixe apodrece a partir da cabeça.

A Best Buy estava em dificuldades, então a responsabilidade cabia à alta direção. Mas isso não significava que eu deveria começar a trocar os membros da equipe de liderança. Eu disse a eles, no primeiro dia, que todos estavam começando com um "A". Cabia a cada um manter seu "A".

Às vezes o processo é de autosseleção. Não demorou muito para reconhecermos quais membros da equipe executiva não eram capazes de entregar aquilo de que precisávamos e por isso teriam que ir embora.

Promovemos alguns líderes que já estavam conosco, inclusive executivos que tinham tido sucesso em aumentar as vendas de celulares. Trouxemos gente nova também. Consegui convencer Sharon McCollam, que tinha sido diretora financeira e operacional da Williams-Sonoma, o ótimo varejista multicanal, a suspender sua aposentadoria e se juntar a nós como diretora financeira. Era a pessoa ideal: os investidores a respeitavam, ela tinha uma experiência fantástica em e-commerce e era uma diretora operacional e financeira muito prática. Além disso, Scott Durchslag trouxe seu talento e sua experiência da Expedia para dirigir o e-commerce da Best Buy.

As mudanças no nível gerencial superior também energizaram as pessoas de outros níveis na organização, que reconheceram nessas mudanças um forte sinal de que estávamos levando a sério o desempenho.

Começar pelas pessoas significou também fazer as pazes com Dick Schulze, que tinha fundado a Best Buy e ainda era um de seus maiores acionistas.

Construindo uma equipe com um sonho

Em maio de 2012, Dick Schulze tinha deixado de ser presidente do conselho – antes de eu ser convidado para ser o novo CEO. Quando comecei, em setembro, ele lançou uma ofensiva para adquirir a companhia e torná-la privada e estava em guerra com o conselho. Uma empresa brigar com seu fundador me pareceu algo fora de propósito. Eu admirava muito o que Dick tinha realizado, e disse isso a nossos funcionários. Não importava se fôssemos uma companhia privada ou pública, ele continuaria a ser o fundador e o maior acionista, e eu queria estabelecer um relacionamento positivo como ele. Eu conhecia Brad Anderson, que fora o braço direito de Dick durante anos e CEO da Best Buy entre 2002 e 2009. Pedi a ele que me apresentasse a Dick, e assim Brad fez.

Em outubro, um mês após minha visita a St. Cloud, fui até o escritório da fundação da família Schulze, a poucos minutos da sede da Best Buy. Entrei na sala de Dick de terno e gravata e lhe entreguei meu currículo. "Em circunstâncias normais, você teria me entrevistado", expliquei. "Então quero me apresentar como se deve." Ele me disse mais tarde que meu gesto o tocou.

Dick e eu não poderíamos ser mais diferentes: ele tinha passado toda a sua vida construindo um negócio varejista, enquanto eu não tinha experiência alguma no segmento. Ele conhecia a Best Buy nos mínimos detalhes, enquanto eu era um *outsider*. Mesmo assim, conseguimos encontrar pontos em comum. Dick me deu a impressão imediata de um ser humano autenticamente bom e empático. Ele estava preocupado com a trajetória do negócio que havia construído e queria fazer algo a respeito. Expliquei a ele em linhas gerais minha filosofia de atuação nos negócios no que concerne a colaboradores e clientes. Também lhe disse que não tinha intenção de cortar cegamente lojas ou pessoal, pois, na minha opinião, eram nossas maiores forças. Com essa conversa, quebramos o gelo.

No mês seguinte, no Dia de Ação de Graças, peguei um voo para a casa de Dick na Flórida, junto com Hatim Tyabji, então presidente do conselho. Tínhamos explicado aos investidores como nos propúnhamos a dar uma guinada na Best Buy. Hatim e eu queríamos explorar um modo de trabalhar com Dick e com Brad para ajudar a restaurar a saúde do negócio. Nitidamente, estávamos todos ansiosos por fazer o melhor para a companhia. Hatim, por exemplo, indicou que não teria problema em deixar a presidência do conselho se isso fosse necessário. Mas também ficou claro que ainda faltava alinhamento. Quando estávamos discutindo algumas questões no escritório de seu advogado, Dick generosamente propôs me manter como CEO caso conseguisse comprar a companhia. Acrescentou então que minha missão seria executar o plano que ele tinha desenvolvido com Brad e Al Lenzmeier, ex-CEO e ex-diretor operacional. "Eu sou muito bom em assimilar informações", falei respeitosamente, "mas sou péssimo em receber instruções. Suspeito que você também!" Todos rimos e o clima ficou mais leve.

Em janeiro de 2013, o fundo de *private equity* que era sócio de Dick estava trabalhando para pôr na mesa uma oferta real pela rede. No fim de fevereiro, um plano alternativo para um investimento privado na Best Buy, uma empresa de capital aberto, fracassou por não chegarmos a um acordo. Mas eu ainda queria encontrar uma maneira de trabalhar com Dick. A contenda tinha sido inquietante e afetara os funcionários, muitos dos quais conheciam Dick do tempo em que fora CEO. Era hora de deixar para trás aquele drama que já durava 10 meses e seguir em frente.

Finalmente, em abril, Dick Schulze concordou em voltar para a companhia com um novo título: presidente emérito. Embora não estivesse se reintegrando ao conselho, ele concordou em me conceder seus sábios conselhos. A família Best Buy estava novamente reunida. A guerra tinha terminado oficialmente e podíamos unir nossos talentos a serviço da reestruturação.

Termine pelas pessoas – sempre

Tínhamos que apertar o cinto, é claro, pois os custos estavam inflados. Mas só no fim essa redução atingiria as pessoas. Isso significa que, quando o navio está afundando, reduzir o pessoal vem em último lugar, não em primeiro.

Essa é mais uma lição de sabedoria de Jean-Marie Descarpentries, que me dissera, muitos anos antes, que num processo de reestruturação as prioridades são (1) fazer crescer as receitas, depois (2) reduzir despesas não salariais e (3) otimizar custos associados a benefícios trabalhistas. Se 1 + 2 + 3 não forem suficientes, então, e só então, deve ser considerado eliminar postos de trabalho onde fizer sentido. Isso mantém as pessoas no centro da organização humana com propósito.

Alguns analistas vinham clamando pelo esporte sangrento: aconselhavam a Best Buy a fechar lojas e demitir pessoal. Cortar, cortar, cortar. Mas fechar lojas de maneira indiscriminada não era a resposta. Eu sabia, pela minha experiência, que empresas que terminam pelas pessoas se recuperam melhor. Quando ainda estava na Carlson, me inspirei em como nosso negócio de viagens na Alemanha lidou com a crise de 2008. O ramo de viagens corporativas depende de funcionários seniores, capazes de otimizar viagens com múltiplos trechos, navegar pelo emaranhado de preços das passagens aéreas e construir relacionamentos. A recessão pesou muito na demanda de serviços da Carlson. Em muitos mercados, a administração local cortou, cortou, cortou. Mas na Alemanha, graças a leis trabalhistas locais, a direção reduziu as horas de trabalho, de modo que todos pudessem manter seus empregos. Os gerentes seniores reduziram a própria remuneração. Não tinham ideia de quanto tempo levaria para o mercado se recuperar, mas sabiam que manter os funcionários era a prioridade. E, quando o mercado se recuperasse, eles estariam prontos.

A equipe gerencial alemã tinha plena consciência de que, quando as coisas melhorassem, seria custoso compensar a perda de talento e de experiência que ocorre quando se reduz o pessoal em tempos difíceis. Leva tempo até que novos recrutados assimilem os fundamentos da empresa. Imagine-se entrando numa loja da Best Buy em busca de sugestões de compra. Você provavelmente não gostaria de falar com um vendedor novato. E não seria o único. Um total de 0 cliente prefere tratar com funcionários recém-chegados.

Eu tinha em mente a divisão alemã da Carlson quando assumimos os custos e tentamos manter o pessoal. Eis o que fizemos, com base no manual de Jean-Marie.

Aumentar a receita bruta

A prioridade maior era aumentar a receita. Analistas econômicos tinham previsto a morte dos grandes varejistas, culpando a concorrência on-line, então decidimos pegar o touro da Amazon pelos chifres: em outubro de 2012, antes da crucial temporada de festas de fim de ano, anunciamos que iríamos equiparar nossos preços aos dos varejistas on-line – inclusive, é claro, aos da Amazon. Assim os clientes não precisariam nos usar como mostruário para depois comprar on-line. Converteríamos visitas em mais vendas. Tínhamos testado a ideia discretamente em nossas lojas de Chicago, depois analisamos os resultados e concluímos que a aposta valia a pena: o aumento nas vendas compensaria a equiparação dos preços. Nossa decisão teve grande repercussão positiva.

Também reformulamos nosso site e nosso método de vendas on-line. Chega de buscas por "Cinderela" mostrarem câmeras Nikon. Uma das nossas principais mudanças nessa esfera, introduzida por Sharon McCollam, foi deslanchar nossa capacidade de entregar diretamente de nossas lojas os pedidos feitos on-line. Como 70% da população americana vive num raio de até 15 quilômetros de alguma loja da Best Buy, isso representaria uma redução drástica no tempo de entrega, o que ajudaria a aumentar as vendas pelo e-commerce.

Também investimos pesado em tornar agradável e gratificante a experiência de comprar em nossas lojas físicas. Investimos no treinamento dos camisas azuis e, como vimos no Capítulo 6, começamos a fazer parcerias com empresas de tecnologia para ajudá-las a exibir o fruto de seus bilhões investidos em pesquisa e desenvolvimento.

Também redistribuímos os espaços em loja. Categorias cujas vendas estavam em alta (como celulares, tablets e eletrodomésticos) tiveram sua exposição ampliada, enquanto a área ocupada por mídia (CDs, DVDs, etc.) encolheu sensivelmente.

Reduzir despesas não salariais

Em seguida atacamos os custos não salariais com vigor. Inicialmente, tratamos de eliminar 725 milhões de dólares em custos ao longo de vários anos. Havia muita coisa que podíamos cortar, mas mesmo assim era uma quantia muito grande. Para isso, nossa diretora financeira, Sharon McCollam, aplicou sua considerável experiência no varejo. Melhorar o índice de devoluções, substituições e danos, calculou ela, representava uma oportunidade de reduzirmos 400 milhões de dólares. Televisores são um bom exemplo disso: telas planas são frágeis e, considerando que são transportadas da fábrica para a loja, depois para o carro, depois para o domicílio, realmente quebram muito. Cerca de 2% dos nossos aparelhos de TV acabavam sofrendo danos, o que nos custava algo em torno de 180 milhões de dólares por ano. Uma redução nesse índice de quebras, por menor que fosse, já representaria uma economia significativa.

Em parceria com os fabricantes, buscamos maneiras de projetar televisores mais resistentes a danos e de melhorar as embalagens, inclusive imprimindo instruções de armazenamento – de pé, por favor, não deitadas. Também treinamos nossas equipes de depósito e de vendas em modos mais seguros de manuseá-las, além de orientá-las a armazenar as embalagens a pouca altura, reduzindo assim o risco de caírem. Para completar, oferecemos o serviço de entrega grátis de TVs e, para os que insistiam em levá-las no próprio carro, dávamos instruções de como melhor manusear a caixa para minimizar os riscos.

Nessa mesma linha, encontramos maneiras de otimizar a devolução de produtos. Nosso índice de devolução era de 10%, o que custava tempo e dinheiro. Considere aparelhos grandes, como geladeiras: não é incomum que sofram amassados ao serem carregadas por escadas ou ao passarem por cantos estreitos durante a entrega na casa do cliente. Primeiro, incluímos no e-commerce instruções melhores para o cliente tirar as medidas do espaço disponível para o produto. Se o dano fosse na lateral ou na traseira de uma geladeira embutida, por exemplo, dávamos a nossa equipe de entrega ou de vendas a possibilidade de oferecer cartões de presente no lugar de uma troca, pois eram danos pequenos e meramente estéticos que ninguém veria após a instalação. De forma semelhante, em vez de devolver ao fornecedor os computadores que nos eram devolvidos, decidimos usar nossa ampla presença física e on-line para revendê-los diretamente – o que otimizava nossa recuperação e ainda nos rendia um desconto junto aos fornecedores.

Também afrouxamos regras para evitar os desperdícios puramente "bobos, insanos ou idiotas". Em abril de 2013, por exemplo, visitei um dos nossos centros de devolução, em Kentucky. Era um lugar enorme, com esteiras rolantes cheias de produtos que os clientes tinham decidido, afinal, que não queriam. Numa dessas esteiras avistei um marca-texto verde. Uma única caneta, enviada por uma das nossas lojas ao nosso centro de devolução. Ela viajara centenas de quilômetros, a um custo imenso, muito maior do que o valor que conseguiríamos obter colocando-a novamente à venda.

Aquilo não fazia o menor sentido, mas a loja em questão tinha seguido estritamente as normas internas. Tirei uma foto daquela caneta verde e a exibi na nossa reunião de gerentes de lojas. Avisei a todos que se alguém na linha de frente visse algo bobo, insano ou idiota – como uma caneta verde sendo devolvida pela loja –, deveria transgredir qualquer política vigente. "Se vir algo assim, avise e resolva", instruí.

Além de devoluções, substituições e danos, fizemos cortes simples e diretos. Viagens de executivos em aviões fretados foram suspensas. Em janeiro de 2013, eu me dirigi com muita satisfação ao assento 36B da classe econômica para comparecer à feira Consumer Electronic Show. Isso transmitiu uma mensagem bem clara a nossos fornecedores e a nossas equipes. Em paralelo, Sharon McCollam não se limitava a cortar custos altos. Nenhuma economia seria pequena demais: adotamos a impressão frente e verso e em preto e branco em vez de colorida. Mesmo que fossem apenas alguns dólares, era um modo de demonstrar coerência em nossas ações.

Otimizar benefícios trabalhistas

Uma das nossas primeiras decisões, e também das mais fáceis, foi restaurar o desconto para funcionários. Eu tinha aprendido na St. Cloud que a suspensão desse benefício tinha sido bem impopular. Aquilo os atingiu moralmente – e, em consequência, afetou também sua disposição e sua capacidade de se engajarem ao máximo na nossa retomada. Também centramos esforços nos custos de assistência à saúde, que costumam crescer entre 6% e 8% ao ano para funcionários nos Estados Unidos. O que poderíamos fazer para otimizar esses custos sem perder qualidade na assistência? Examinamos cuidadosamente o que estava encarecendo nossos custos com assistência à saúde. Estabelecemos um programa de bem-estar e expandimos a prevenção para ajudar os funcionários a se manterem saudáveis. Mais uma vez, estabelecemos parcerias com fornecedores – dessa vez, seguradoras e planos de saúde – na busca de soluções.

Cortar postos de trabalho como último recurso

Para a Best Buy, 1 + 2 + 3 não foi suficiente e tivemos que reduzir nosso pessoal. Durante o programa Renew Blue, por exemplo, eliminamos camadas desnecessárias de gerenciamento e fechamos departamentos e iniciativas não estratégicos – como o serviço que disponibilizava o Esquadrão Geek para outros varejistas. Também racionalizamos métodos no topo. Parecia que todo mundo tinha um chefe de gabinete, por exemplo. Isso não era necessário.

Mas eliminar cargos não significa necessariamente eliminar pessoas. Em 2018, decidimos fechar nossas lojas de telefonia móvel, pois não faziam mais sentido, mas não apliquei o método padrão de demitir, indenizar e pronto. Em vez disso, enviamos uma carta a todos os funcionários dessas lojas explicando que lhes daríamos assistência de toda forma possível para que fossem realocados internamente e que torcíamos para que escolhessem essa opção, pois valorizávamos sua contribuição.

Havia oportunidades para eles. Como ocorria na maioria das varejistas, a rotatividade natural e nosso porte nos davam flexibilidade. Universitários que trabalham em nossas lojas para ajudar a pagar os estudos vão embora depois de se formar. Pessoas se mudam ou vão fazer outras coisas na vida. Mesmo depois de tudo que fizemos para construir um ambiente de trabalho envolvente, a rotatividade nas nossas lojas ainda chegava a 30%. É bem menos que os quase 50% do período anterior à reestruturação, mas ainda são muitas vagas a serem preenchidas todos os anos. Além disso, estávamos voltando a crescer. O desenvolvimento de uma equipe de consultores internos, por exemplo, criava novas oportunidades. Oferecemos algumas delas à maioria do nosso pessoal das lojas de celulares e nos empenhamos para que cada um desses funcionários sentisse que poderia permanecer na empresa se quisesse. Nem todos ficaram – e os que foram embora tiveram direito a indenização –, mas fizemos tudo que podíamos para lhes dar essa opção. É o certo a fazer, porque é humano *e* faz sentido financeiramente. Não há lugar para *ou* aqui, nem em qualquer outro lugar. Foi uma decisão fácil de tomar – e de explicar aos acionistas.

Receitas crescentes, racionalização de despesas não salariais, otimização de benefícios trabalhistas – esses são os tipos de intervenção que não costumam render manchetes, mas nossa decisão de adotar nas lojas físicas a mesma política de preços praticada no comércio on-line, isso, sim, chegou aos jornais. Essas ações não são tão dramáticas quanto demissões em massa, porém são muito mais eficazes: desde 2012 a Best Buy economizou cerca de 2 bilhões de dólares em custos, cerca de dois terços das despesas não salariais – muito além dos 725 milhões que visávamos inicialmente. E a companhia continuou a encontrar maneiras de eliminar entre 200 e 300 milhões em custos a cada ano. Essas economias foram, em grande parte, reinvestidas no negócio, assegurando assim que continuássemos a cuidar de todas as partes interessadas.

O Renew Blue não funcionou *apesar* de nossos esforços para evitar cortes na força de trabalho, mas *por causa* disso. Outras medidas são mais eficazes porque melhoram as coisas para clientes e fornecedores e têm impacto financeiro significativo. E são mais eficazes porque protegem a força vital da companhia: o talento, a experiência, a dedicação e o coração humanos, que constituem o cerne de uma organização humana com um propósito.

Gerando energia humana

Quando assumi a Best Buy, em setembro de 2012, o clima era sombrio. A empresa tinha acabado de completar seis meses de drama intenso. O CEO se vira forçado a renunciar ao se ver envolvido num escândalo. O CEO interino também tinha ido embora. No lugar dele entrava eu, um cara de fora, desconhecido. O valor da ação estava em queda livre. O fundador, David Schulze, havia começado uma ofensiva para privatizar a companhia. Artigo após artigo previa o fim da companhia, assim como o da varejista de eletrônicos Circuit City, incapaz de enfrentar as mudanças no mercado e a concorrência dos preços baixos no comércio on-line. Em outubro de 2012, a capa da *Bloomberg Businessweek* estampava um zumbi vestindo uma camisa azul da Best Buy.

Embora a Best Buy tivesse um grande talento e uma fenomenal postura de "Eu sou capaz", os funcionários, compreensivelmente, estavam preocupados e desanimados.

Durante uma reestruturação, a prioridade é criar a energia necessária para salvar um negócio em risco de extinção. Isso implicava apresentar um bom plano, e rápido; direcionar todo mundo para prioridades claras e simples; e tornar o ambiente intenso, porém seguro. Isso significa também criar urgências, com otimismo, e mostrar um progresso rápido, mesmo que a pequenos passos. Isso é o que eu chamo de "pôr a organização sob tensão". A seguir veremos como criei na Best Buy a energia necessária para virar o jogo.

Um plano bom, não perfeito

Pouco depois de eu começar, a diretoria deixou claro que precisávamos apresentar um plano até 1º de novembro.[2] Tínhamos 57 dias. "Isso é loucura!", disse Maurice Lévy, CEO da Publicis, que estava nos prestando consultoria em comunicação e relações públicas. Ele achava que aquilo era inviável e que seria extremamente arriscado.

No início da minha carreira, quando eu trabalhava na McKinsey, fui treinado a diagnosticar negócios e conceber estratégias de longo prazo que, posteriormente, outras pessoas executariam. Esse método tradicional de planejamento estratégico, desenvolvido nas décadas de 1960 e 1970, ainda era a norma quando entrei para a Best Buy. Supunha-se que algumas pessoas inteligentes no topo conceberiam uma estratégia e um plano de longo prazo que depois seriam executados pelos escalões inferiores.

Realmente, aquele período não seria suficiente se fôssemos proceder dessa forma, mas por mim estava tudo bem, porque o tempo é apenas um dos muitos problemas dessa abordagem. Para começar, provavelmente ela não vai ajudar a captar os *insights* das pessoas que sabem em detalhes o que é necessário para reverter a situação. Além disso, as equipes costumam não gostar que lhes digam o que fazer se elas não participaram da formulação do plano.

Nosso prazo não me preocupou porque eu também sabia, graças a minha experiência, que reestruturações não dependem de planos de longo prazo, ao menos não inicialmente. O mais importante é identificar o que impulsiona o desempenho, com melhorias operacionais e, acima de tudo, ação. "O progresso operacional cria graus estratégicos de liberdade" – aprendi isso com o CEO da Cargill quando ele fazia parte do conselho de diretores da Carlson. Não precisávamos de uma estratégia de longo prazo. Precisávamos de um plano para "estancar a hemorragia" e promover uma melhora rápida e tangível em nosso desempenho operacional. Para isso, oito semanas era tempo suficiente. Em oito semanas, poderíamos pelo menos enquadrar o problema a resolver, definir uma direção e iniciar os trabalhos.

Não seria uma estratégia grandiosa imposta de cima. Para imaginar como salvar a companhia, todo mundo teria que arregaçar as mangas. Numa série de workshops de dois ou três dias, cerca de 30 de nós, de todos os segmentos do negócio, nos reunimos em torno de uma mesa em forma de U numa sala de reuniões no térreo da sede.

Nossa abordagem? Começar por onde começaria Jean-Marie Descarpentries: Pessoas → Negócios → Finanças. Examinamos o desconto para funcionários. Estudamos os planos de ocupação do espaço das lojas (eu ainda tinha o desenho no guardanapo da minha visita a St. Cloud). Analisamos a política de preços. Identificamos brechas e gargalos nas operações. Durante esses intensos workshops, começaram a me chamar de "camelo" por recusar intervalos para água e café.

Antes do prazo, já tínhamos nosso plano de reestruturação.

Faltava achar um nome para o plano. Eu tinha aprendido ao longo dos anos que um plano precisa de um nome para existir na mente coletiva da organização. Pedi a todos que pensassem em casa em possíveis nomes. No dia seguinte, fizemos uma pausa e escrevemos uns 30 deles num *flip-chart* e fizemos uma votação. Decidimos que Renew Blue transmitia a mensagem e soava bem.

Antes de apresentar o Renew Blue aos investidores, garanti que tínhamos a aprovação de nosso grupo de liderança mais amplo, o Conselho Operacional da Best Buy, que inclui as 150 pessoas que estão no topo da hierarquia. A menos que contássemos com a adesão de todos, não teríamos um plano.

Em novembro apresentamos o Renew Blue à comunidade de investidores. Expusemos nossas metas aos acionistas, mas também aos funcionários, clientes, fornecedores e ao mundo à nossa volta. A companhia estava em sérias dificuldades, mas nossa proposta era cuidar de *todas* as partes envolvidas. Não haveria "ou isso ou aquilo". Nem doutrina Friedman.

Nosso plano não era perfeito, mas era bastante bom. Internamente, lembrava a cada um aquilo em que éramos bons, ressaltava nossas deficiências e delineava prioridades claras em relação aos clientes, funcionários, fornecedores, acionistas e à comunidade. Esboçava o caminho para avançarmos e nos mantermos à tona.

Manter-se em movimento e manter as coisas simples

Um bom plano era o que bastava para criarmos ímpeto e esperança e fazer as pessoas se envolverem. Tomar decisões rápido (como a equiparação dos preços das lojas físicas aos do e-commerce e o restabelecimento do desconto para funcionários) era crucial. Isso impulsionou a energia das pessoas e as fez ver novas possibilidades e soluções. O que separa grandes líderes de bons líderes não é a qualidade, mas a quantidade de decisões. Mais decisões criam mais momentum e mais energia. Nem todas serão decisões boas. Mas, se você sabe andar de bicicleta, sabe também que é muito mais fácil se manter em equilíbrio quando está pedalando do que quando está parado.

Além de criar momentum com a tomada de decisões, esclarecer o que é mais importante e manter as coisas simples geram energia. Complexidade cria confusão e sobrecarga; complexidade semeia inércia. Eu sabia, graças à visita a St. Cloud, que os gerentes de loja da Best Buy, por exemplo, eram encarregados de prestar atenção em tantas métricas que acabavam perdendo de vista o quadro geral. Imagine a reação deles quando falei que a companhia só tinha dois problemas: faturamento baixo e margens de lucro pequenas. Apenas dois problemas? Não 40 indicadores de desempenho? Eram boas notícias. Não podia ser tão difícil resolver apenas dois problemas, certo? Todos deveriam se concentrar inteiramente nesses dois pontos. O que estava impedindo a melhora no faturamento e o aumento das margens de lucro? Primeiro eliminaríamos os piores entraves, depois pensaríamos nos outros.

Espere. Eu não afirmei que se concentrar em números não é inspirador? Que o propósito de uma empresa não é ganhar dinheiro? Sim, afirmei. Isso não quer dizer que se deva ignorar os números. Lucro é um resultado, mas também um imperativo. Quando o negócio está morrendo, é preciso estancar o sangramento. Estávamos fazendo isso enquanto amadurecíamos a ideia de uma empresa movida por um propósito. Mesmo então, em 2012, vários anos antes de termos definido que nosso propósito era enriquecer a vida das pessoas por meio da tecnologia, tínhamos definido nosso plano de levar em conta todas as partes interessadas, guiados pelo desejo de ser o endereço e a autoridade preferidos quando se tratasse de tecnologia.

Enquanto nos concentrávamos em nos manter vivos, avaliar nossa evolução no enfrentamento desses dois problemas (e apenas esses dois) nos diria, com o tempo, se sobreviveríamos. Era assim que mediríamos nosso progresso. E identificaríamos quais setores e equipes estavam se aprimorando mais e com maior rapidez. Depois poderíamos extrair aprendizados desse progresso.

Criando um ambiente positivo

A urgência e a clareza que contribuem para deixar a organização sob tensão (produtiva) caminham de mãos dadas com a criação de um ambiente positivo. Ninguém faz um trabalho melhor quando se encontra sob forte estresse ou quando é movido pelo medo. Criar otimismo, energia e confiança em nosso futuro tinha que começar comigo. Eu precisava estar animado e otimista em quaisquer circunstâncias. Lembro-me, na Carlson, de ter me sentido exausto após um longo dia de uma convenção com milhares de franquias de hotel. Decidi, naquele lugar e naquela hora, que não estava cansado. O mesmo aconteceu naqueles primeiros dias do Renew Blue. Cabia a mim decidir como me apresentar. Todo dia.

Aproveitávamos qualquer oportunidade para comemorar. Nossa equipe de comunicação, chefiada por Matt Furman, buscava ativamente e compartilhava com a companhia cada boa notícia que saía sobre nós. Vejam, estamos crescendo em Chicago! E vejam como vai bem a venda de eletroportáteis! Em toda reunião de equipe e em toda reunião geral nós destacávamos o que estava indo bem. Isso enviava uma mensagem fabulosa a todos.

Adotamos a mesma abordagem com nossos investidores. Em nossa apresentação de novembro de 2012, começamos nosso diagnóstico ressaltando as grandes forças da Best Buy, como o impulso de crescimento da inovação em nosso mercado, de eletrônicos de consumo, e o fato de termos a maior participação em vendas naquele mercado. Ao mesmo tempo, não douramos a pílula ao falarmos de nossos desafios operacionais, desde um índice medíocre de satisfação do cliente até um desempenho sem brilho em vendas on-line, o que pesava no retorno financeiro.

Durante a reestruturação, continuamos a compartilhar as vitórias. No início de 2013, por exemplo, testamos fazer a entrega de compras on-line a partir de 50 lojas. No início, isso teve um impacto financeiro mínimo, mas nossa diretora financeira, Sharon McCollam, continuou insistindo nessa ideia em suas conversas com investidores, explicando por que era algo significativo. Com o tempo, a iniciativa se expandiu por nossa rede de lojas e acabou por gerar um grande impulso em vendas on-line.

Olhar pelo lado bom, irradiar energia e comemorar vitórias não significam, no entanto, encobrir os problemas. Lembra-se de Alan Mulally e seu sistema de cores – vermelha, amarela, verde? A Ford estava quase na bancarrota, mas todas as luzes eram verdes. Para salvar uma empresa, as más notícias têm que correr pelo menos tão rápido quanto as boas. Não se pode resolver problemas se não se sabe onde eles estão.

Ser positivo e reconhecer os desafios são atitudes igualmente necessárias e nenhuma das duas deve predominar. Quando trabalhávamos com base em nosso plano Renew Blue, uma brilhante equipe de gestão estratégica produziu uma apresentação em PowerPoint de 300 slides que destacava todas as questões e todos os desafios que tínhamos à nossa frente. A apresentação concluía que a Best Buy estava condenada. Se você não consegue transformar desafios em oportunidades e em aspectos positivos, não pode liderar a reestruturação de um negócio. Decidi ignorar a apresentação e as sombrias previsões em PowerPoint.

Transparência e estímulo à vulnerabilidade

Quando preparávamos nosso plano Renew Blue, deparamos com um dilema: deveríamos mantê-lo oculto até a apresentação aos investidores, que ocorreria em novembro de 2012? Ou deveríamos compartilhá-lo com toda a empresa, obter feedback e assim promover o engajamento geral? Sendo a Best Buy uma empresa de capital aberto, qualquer vazamento para a mídia teria afetado o preço da ação. Será que deveríamos ter medo e suspeitar de nosso pessoal ou confiar? Nossa equipe de executivos ficou dividida. A empresa já havia tido problemas com vazamentos para a mídia, mas eu acreditava que esse risco era muito menor do que o risco de nosso pessoal não se comprometer com o plano. Três semanas antes da apresentação para os investidores, reunimos 150 de nossos gerentes e apresentamos o esboço do plano. Deixamos muito claro que veríamos e discutiríamos algo altamente confidencial. Recebemos feedback e adesão valiosos e não houve nenhum vazamento.

Durante o processo de reestruturação, discutimos com franqueza – tanto internamente quanto com os acionistas – nossa situação, nossas prioridades, nossas oportunidades, nossos desafios, nosso progresso e nosso comprometimento em fazer acontecer o que dizíamos. Isso energizou nossas equipes e promoveu responsabilidade.

Também não tive medo de pedir ajuda. Três meses após me tornar o CEO, eu trouxe meu coach, Marshall Goldsmith, para trabalhar comigo. Já em plena retomada, eu pedia feedback a minha equipe, indicando em que pontos queria me sair melhor, o que incluía ser melhor em delegar tarefas e funções. Não pretendia ter todas as respostas ou ser perfeito. Pedi ajuda – e a recebi – desde meus primeiros dias na Best Buy, seja na loja de St. Cloud, seja com a equipe executiva.

Tínhamos que fazer o mesmo como empresa. Precisávamos alavancar as forças de outras pessoas e estabelecer parcerias se quiséssemos sobreviver. Foi assim que colaboramos com nossos fornecedores, como mencionamos no Capítulo 6. Foi por isso que pedimos descontos temporários a outros fornecedores, como Accenture, IBM e UPS. Não tivemos medo de pedir ajuda. E recebemos.

Isso sinalizou, dentro da companhia, que ninguém deveria temer ser vulnerável. Ninguém deveria ter medo de pedir ajuda. Ninguém deveria sentir que precisava fingir ser invencível ou perfeito, porque somos todos humanos, e é em nossa vulnerabilidade que nos conectamos e acionamos o poder do coletivo. É assim que nos conectamos uns com os outros. É assim que nos conectamos com nossos clientes, fornecedores, comunidades e acionistas. É disso que é feita uma organização humana com um propósito – na doença e na saúde, em épocas boas e em épocas ruins.

...

Em janeiro de 2013, com poucos meses de Renew Blue, fizemos o relatório de vendas de novembro e dezembro de 2012. Os resultados do trimestre anterior haviam sido um desastre, mas tínhamos uma excelente notícia para anunciar: comparadas com as do ano anterior, nossas vendas ficaram estáveis.

Vendas estáveis! Ficamos empolgadíssimos! Aquilo era muito melhor do que as previsões feitas pelos analistas da crise. Esses dados sugeriam que tínhamos estancado a hemorragia. O mercado ficou impressionado e o valor da ação deu sinais de recuperação. O pior tinha ficado para trás. A mudança de humor na Best Buy era palpável. Seguimos em frente com nosso plano de reestruturação, sentindo uma brisa agradável soprar à medida que avançávamos.

Até hoje, muitos funcionários da Best Buy me contam que os anos de Renew Blue foram os melhores de sua vida profissional. Estávamos juntos numa missão e a energia era eletrizante. Juntos atravessamos a tempestade e ficamos eufóricos ao desafiar todas as expectativas. Todos achavam que íamos morrer na praia. Mas até hoje as pessoas que passaram por isso lembram que tínhamos apenas dois problemas – e que os resolvemos.

O que aconteceu na Best Buy durante o Renew Blue é o que chamo de "mágica humana". É o que acontece quando cada pessoa da empresa se entusiasma e todos, trabalhando juntos, obtêm mais do que jamais pensaram ser possível. A mágica humana resulta num desempenho sobrenatural – de tão bom.

Para se construir com sucesso uma organização humana com um propósito – seja em bons tempos ou numa reestruturação – é preciso desencadear esse tipo de energia.

E isso se faz criando um ambiente de trabalho diário no qual cada pessoa pode se sentir envolvida e totalmente comprometida. É disso que trata a Parte 3.

Para refletir

- Como você lida com as pessoas durante tempos difíceis?

Pessoas primeiro:

- Como você se mantém conectado com a linha de frente?
- Qual é sua abordagem na construção da equipe executiva certa?

Pessoas por último:

- O que você costuma priorizar: crescimento da receita ou redução de custos?
- Quais são os melhores resultados que você viu no processo de atacar despesas não salariais e de gerenciar criativamente os benefícios trabalhistas?

Gerando energia humana:

- O que você faz para criar energia?
- Em que medida e como você envolve outras pessoas no desenvolvimento do plano?
- Como você cria um ambiente positivo? Funciona bem?
- Como você decide de que modo vai se apresentar no trabalho a cada dia?
- Quão transparente você gosta de ser? Que abordagem usa para se comunicar com os muitos grupos e comunidades envolvidos no negócio?

Em geral:

- Que abordagem você acha especialmente eficaz para impulsionar um bom desempenho numa situação de reestruturação?
- Em que você gostaria de melhorar? Em que áreas está se empenhando?

PARTE 3

A MÁGICA HUMANA

A velha abordagem da gestão – ter algumas pessoas inteligentes que formulam uma estratégia, criam um elaborado plano de implementação, comunicam o plano a todas as outras e introduzem incentivos para mobilizá-las em torno do plano – raramente funciona. Depois de discutir, na Parte 1, por que trabalhamos e, na Parte 2, definir empresas como organizações humanas com um propósito, apresentaremos a seguir, na Parte 3, uma alternativa a essa desatualizada abordagem da gestão. Veremos quais são os ingredientes que desencadeiam o que chamo de *mágica humana*. Ao criar um ambiente no qual todos os funcionários são mobilizados em torno de uma grande causa, esses ingredientes acionam o comprometimento e, quando combinados com uma estratégia sólida, resultam em um desempenho extraordinário. Essa é a dimensão que potencializa corporações para se tornarem organizações humanas com propósito.

8

Deixando cenouras e varas para trás

A cenoura e a vara são motivadores abrangentes e persuasivos.
Mas se você tratar pessoas como asnos, elas vão se comportar como asnos.
— JOHN WHITMORE, *Coaching para performance*

Em 1986, Dick Schulze, fundador da Best Buy, enfrentava um sério desafio. O negócio que ele tinha começado 20 anos antes estava sob o ataque de uma rede de eletrônicos de consumo com sede em Detroit, a Highland Superstores. Segunda maior varejista de eletrônicos dos Estados Unidos, a Highland tinha aberto lojas no próprio território da Best Buy, em Minneapolis, vendendo a preços insustentáveis de tão baixos.

A Best Buy já estivera à beira da falência duas vezes e agora passava por mais um momento crítico, de vida ou morte. Dick sentiu que a Highland, cujo porte muito maior lhe permitia absorver perdas durante algum tempo, estava fazendo tudo que podia para tirar a Best Buy de campo.

Agindo no modo crise, Dick se concentrou numa questão: como a Best Buy poderia virar o jogo? A resposta parecia ser livrar-se de *spiffs* – bônus pagos pelos fornecedores aos vendedores para que eles "empurrassem" seus produtos aos clientes.

Dick queria que os vendedores procurassem dar aos clientes as melhores e mais objetivas recomendações. Isso era difícil com os *spiffs*. Na época, *spiffs* eram essenciais para o pessoal de vendas, tanto na Best Buy quanto em outros lugares. Não é de surpreender que os clientes odiassem esse tipo de bônus, mesmo não conhecendo o termo em si. Sentiam que o pessoal de vendas empurrava marcas que ofereciam as maiores comissões, não importando se eram os produtos certos para as suas necessidades.

Dick teve a ideia de abolir comissões e pagar aos camisas azuis por hora, mas, disse ele, "era quase uma heresia levantar essa ideia, que dirá cogitar executá-la".[1] O risco era considerável. Na época, metade dos mil funcionários da Best Buy trabalhava na base de comissão e sempre tinha sido assim – um sistema que ninguém questionava. Dick não queria solapar o espírito da companhia, tumultuar as operações das lojas ou, o pior de tudo, contrariar os funcionários. A Best Buy poderia perder seus melhores talentos.

Por outro lado, acabar com os *spiffs* beneficiaria os clientes, o que poderia fazer Best Buy se destacar da concorrência. Os camisas azuis se tornariam facilitadores em vez de agentes dos fornecedores. O que havia em estoque migraria das salas dos fundos para o pavimento da loja, onde todos os clientes poderiam ver o que estava disponível. As próprias lojas ficariam parecidas com armazéns, com assoalho de cimento, estantes de metal e iluminação fluorescente – grandes recintos onde o foco não estaria em empurrar marcas específicas, mas em oferecer valor ao cliente.

Os bônus para a equipe refletiriam o desempenho da loja ou do distrito – não conquistas individuais. Além disso, aos vendedores que quisessem se tornar gerentes seria oferecido um plano de carreira com promoções internas e piso salarial mais elevado.

Em 1988, Dick estava pronto para testar a ideia, conhecida como Conceito II, em sete novas lojas abertas no Meio-Oeste. Funcionou. As vendas nessas unidades foram altas o bastante para que o Conceito II se expandisse. Tempos depois, essas lojas já vendiam duas vezes mais do que aquelas com vendas baseadas em comissão.

A aposta de Dick deu certo. O Conceito II salvou a Best Buy e a impulsionou por muitos anos de alto desempenho. Em 1999, quando conheci a rede, ainda na qualidade de fornecedor (na época, eu chefiava o setor de jogos da Vivendi), me pareceu a empresa de eletrônicos mais sofisticada e mais focada no consumidor, energizada por grandes pessoas.

E a Highland Superstores? Fechou as portas.

O que Dick Schulze percebeu antes da maioria de nós foi que, na economia atual, incentivos financeiros não impulsionam o desempenho. O clássico método da cenoura e da vara, isto é, de recompensas e punições, na verdade é contraproducente. Incentivos financeiros ainda têm um papel a desempenhar – mas não se deve esperar que motivem pessoas.

Incentivos financeiros não mais impulsionam o desempenho

Surpreendentemente, incentivos financeiros ainda são muito usados como motivadores. Departamentos de recursos humanos de empresas em todo o mundo gastam uma quantidade absurda de tempo, dinheiro e energia cerebral para projetar e gerenciar esses programas de incentivo.

Eu também acreditei no sistema do dinheiro como motivação durante grande parte da minha vida profissional. Uma das minhas primeiras decisões como CEO do grupo Carlson, em 2008, foi ajudar a projetar um plano de incentivos a longo prazo para a gerência sênior, condicionado ao valor que esperávamos criar, como um modo de mobilizar a organização em prol do desempenho econômico.

Em 2015, deparei com uma animação baseada em uma apresentação de Daniel Pink sobre o que nos motiva.[2] Pink cita um estudo realizado no Instituto de Tecnologia de Massachusetts (MIT, na sigla em inglês) que apresentou vários quebra-cabeças mentais e desafios físicos a um grupo de estudantes. Para incentivar o desempenho dos participantes, foram oferecidos três níveis de prêmio em dinheiro, a depender de quão bem se sairiam. Quando as tarefas envolviam talentos cognitivos, por mais rudimentares que fossem, prêmios maiores levavam a desempenhos piores.

O resultado foi tão intrigante que os economistas responsáveis pelo estudo decidiram repetir o experimento. Talvez as recompensas em dinheiro não fossem sedutoras o bastante para motivar estudantes do MIT. Na Índia rural, por outro lado, aquela recompensa máxima era equivalente a dois meses de salário. Mas os resultados foram os mesmos.

Economistas, psicólogos e sociólogos replicaram esses resultados muitas vezes, e quanto mais sofisticada e criativa era a tarefa, mais contraproducentes se mostraram os incentivos. Eles tendem a estreitar nosso foco e nossa mente. E para tarefas complexas e criativas precisamos exatamente do contrário: quanto mais conseguimos expandir nossa mente e pensar fora da proverbial caixa, melhor nos saímos.[3]

Ao ouvir o relato de Daniel Pink, quase caí da cadeira. Esses resultados, confirmados em pesquisas posteriores, iam contra tudo que me haviam ensinado. Negavam a justificativa para os incentivos cuidadosamente formulados por toda empresa em que eu tinha trabalhado, muitos dos quais ajudei a projetar. Como isso era possível? Nosso bom e velho sistema capitalista não está baseado na suposição de que somos movidos pelo dinheiro?

Com o tempo, no entanto, assimilei essa ideia como uma verdade universal. Algumas vezes eu a pus à prova. Recentemente jantei com um colega CEO e lhe perguntei se ele achava que incentivos financeiros impulsionavam o desempenho.

– Claro que sim! – exclamou ele.

Perguntei-lhe então se incentivos financeiros impulsionavam o desempenho *dele*.

– Claro que não!

Se incentivos financeiros não nos motivam, por que achamos que motivam outras pessoas? Hoje em dia, acredito que incentivos financeiros são:

- Ultrapassados;
- Equivocados;
- Potencialmente perigosos e nocivos;
- Improváveis de funcionar em qualquer circunstância.

Permitam-me elaborar.

Incentivos financeiros estão ultrapassados por terem sido projetados para um tipo de trabalho diferente

Frederick Taylor baseou sua teoria de administração científica na premissa de que, como o trabalho era um meio tedioso e desagradável para alcançar um fim (ver o Capítulo 2), a única maneira de motivar uma força de trabalho desmotivada era pelo dinheiro. De fato, o estreitamento do foco que o incentivo suscita, embora terrível para a inovação e para o pensamento lateral, ajuda a acelerar tarefas simples.

A perspectiva de Taylor modelou a remuneração e práticas mais amplas de gestão durante grande parte do século XX. O planejamento estratégico de longo prazo, desenvolvido nas décadas de 1960 e 1970, está enraizado numa visão de mundo semelhante: a de que trabalhadores precisam de punições e recompensas para executar uma estratégia projetada por executivos inteligentes com a ajuda de especialistas e depois traduzida num plano; objetivos em cascata; incentivos financeiros alinhados com isso; e um sistema de controle do cumprimento desses objetivos que avalia como as pessoas se saem em relação a eles.

As empresas, portanto, formularam sistemas inteiros de incentivos financeiros, bônus, comissões e outras recompensas financeiras para motivar seus funcionários. O problema é que o trabalho mudou.

Incentivos financeiros são equivocados porque são focados em cumprimento em vez de comprometimento

As recompensas enfrentam sérias limitações mesmo quando estão ligadas a tarefas repetitivas, caso em que parecem motivar uma produção maior e mais rápida. Nem punições nem recompensas são muito boas para promover uma mudança duradoura – que dirá permanente – no comportamento humano. Punições e recompensas são, segundo a psicologia, "motivadores extrínsecos", que não estimulam nem mudam fundamentalmente o comportamento – seja tentar emagrecer, deixar de fumar ou mudar o modo como se trabalha.

Energia e comprometimento no trabalho vêm de uma chama que arde por dentro. Punições e recompensas não criam essa chama. Na verdade, elas a apagam.[4]

Incentivos financeiros podem ser nocivos

Quando eu presidia a EDS França, a companhia assinou um contrato com a subsidiária de uma grande rede francesa de mercados. Parecia que o acordo ia gerar milhões de dólares de receita, o que era um resultado considerável. Infelizmente, porém, a equipe subestimou os desafios e superestimou a capacidade da companhia de cumprir suas promessas. Conseguimos realizar o projeto, mas perdemos dinheiro com aquele contrato. Dada a natureza do negócio, foram necessários anos para se constatar que as projeções financeiras iniciais não se materializariam.

Analisando em retrospecto, penso que o sistema de incentivos da EDS contribuiu para o problema. A robusta comissão da equipe de vendas para realizar o acordo baseava-se no valor estimado do contrato que eles aceitaram. Isso estimulou o pessoal de vendas a fazer promessas entusiasmadas e projeções que não eram necessariamente realistas.

Esse é um exemplo de como incentivos podem se tornar prejudiciais. Acene às pessoas com pagamento por desempenho e elas também ficarão tentadas a ocultar erros ou insuficiências em vez de buscar ajuda e encarar os desafios como oportunidades para aprender e crescer. Em casos mais graves, incentivos podem resultar em total improbidade.

Além disso, tentativas de apelar para o interesse próprio e, ao mesmo tempo, para motivações éticas geralmente fracassam, porque incentivos enviam o sinal de que estamos agindo por questões individuais, solapando o que Adam Smith chamou de "os sentimentos morais".[5]

Incentivos financeiros são difíceis de ajustar

Muitas empresas e líderes continuam a despender uma imensa quantidade de tempo e de recursos na tentativa de projetar o sistema de incentivos perfeito. Eu certamente fiz o mesmo muitas vezes nos últimos 30 anos, primeiro como consultor de gestão e depois como CEO e/ou membro do conselho de diversas empresas em diversos setores.

Porém sistemas sofisticados, supostamente resilientes, logo se tornam irrelevantes em face de mudanças de mercado. Quando eu estava na Carlson, uma empresa de capital fechado, a equipe de recursos humanos e eu nos empenhamos em formular um sistema que espelhasse o de companhias abertas. Em 2008 foi lançado o plano de incentivos. Poucos meses depois, a recessão arruinou nosso plano tão arduamente concebido.

Há também o desafio dos horizontes temporais. Negócios que operam em ciclos longos, de fabricantes de aeronaves a companhias de energia e farmacêuticas, enfrentam um descompasso entre o exercício da gestão e o momento em que os resultados aparecem. Incentivos são pagos com base em resultados anuais ou, no mínimo, trienais, mas, em sua maioria, esses resultados refletem decisões tomadas 5, 10, até mesmo 15 anos antes.

Para que servem os incentivos

Apesar de tudo isso, incentivos podem, sim, ser úteis – contanto que paremos de acreditar que podem motivar e mobilizar uma organização. Bônus condicionados ao desempenho da empresa, por exemplo, são um instrumento útil para compartilhar os frutos de bons tempos financeiros com funcionários, não apenas acionistas. Incentivos também podem sinalizar o que é mais importante. Na EDS França, mudei o sistema de bônus, que até então se baseava somente em resultados financeiros, para deixar claro que, quando eu dizia "pessoas, negócios, finanças" – nessa ordem –, realmente tinha isso em vista. Os novos bônus foram calculados com base em três novos critérios, aos quais foram dados pesos iguais:

1. Um componente "pessoas", que incluía métricas como rotatividade e comprometimento e considerava se eram feitas avaliações de desempenho – e feitas no tempo certo.
2. Uma fatia "negócios", que refletia a satisfação do cliente, sua fidelidade, etc.
3. Uma porção financeira, baseada nos resultados da empresa.

"Você tem certeza de que quer fazer isso?", me perguntou David Thorpe, que administrava os negócios da EDS na Europa, no Oriente Médio e na África. Ele temia que os bônus fossem pagos mesmo se o desempenho financeiro fosse ruim. Eu lhe disse que não estava preocupado. Se agíssemos corretamente com as pessoas e com os negócios, os resultados financeiros viriam. Introduzir novas métricas no sistema asseguraria que os elementos "pessoas" e "negócios" recebessem mais atenção. O novo sistema de incentivos serviria como um alto-falante eficaz.

Quando assumi a Best Buy, em 2012, os escalões superiores da companhia eram sistemas isolados. Precisávamos urgentemente ter todo mundo focado no todo, não cada um em sua parte, por isso mudamos o sistema de bônus para enviar um sinal claro. Todo mundo na equipe de gestão receberia o mesmo bônus com base no desempenho da Best Buy inteira. O modo como o incentivo foi calculado também lembrava claramente a cada um nossas prioridades durante o plano de retomada Renew Blue (ver o Capítulo 7): crescimento das receitas, incremento do e-commerce, maior satisfação do cliente e redução de custos tinham peso considerável.

Nem por um segundo acreditamos que alguém ia pular da cama pela manhã por causa desses bônus, imaginando, no caminho para o trabalho, como aumentar esse pagamento. Portanto, sim, a Best Buy tinha – e ainda tem – um sistema de incentivos. Mas não com a intenção de motivar. É para comunicar e compartilhar os benefícios do resultado.

. . .

Se incentivos não motivam as pessoas a produzir mais e melhor, então o que motiva? O que desencadeia a mágica humana que energiza a organização humana com um propósito, apresentada na Parte 2?

A mágica humana começa com uma mudança fundamental de perspectiva: ver as pessoas como fonte, não como recurso. Funcionários têm que ser tratados como indivíduos que trabalham juntos por um propósito comum, não como um "ativo". Cada funcionário é uma pessoa com suas motivações e seu propósito, não capital humano movido exclusivamente por dinheiro. É hora de ir além de tentar impulsionar o comportamento de uma força de trabalho coletiva e, em vez disso, buscar inspirar as pessoas conectando-as com o que importa para cada uma delas. Para que a mágica humana aconteça, é preciso criar um ambiente em que as *pessoas* floresçam. Porque, quando estão fazendo o que é importante para elas e algo em que acreditam, as pessoas atravessarão paredes, despejando energia, criatividade e emoções em seu trabalho.

A Best Buy e suas pessoas me ensinaram muito sobre as implicações práticas dessa mudança de perspectiva. Creio que a receita para criar esse ambiente é composta de cinco ingredientes-chave:

- Estabelecer uma relação entre a busca individual por significado e o propósito nobre da empresa;
- Desenvolver relações humanas autênticas;
- Fomentar a autonomia;
- Desenvolver a excelência;
- Alimentar um ambiente de crescimento.

Os próximos capítulos exploram cada um desses ingredientes.

Para refletir

- Você acredita que incentivos financeiros motivam as pessoas a ter um desempenho melhor? Funciona com você?
- Como são usados os incentivos em sua empresa? Que prioridades eles refletem?
- O que motiva você?

9

Primeiro ingrediente: conectar sonhos

Tutor 1: O que você sente quando está dançando?
Billy: Não sei. É gostoso. Eu me sinto meio duro e tal, mas quando começo... aí eu gosto, esqueço tudo. E aí... meio que desaparece. Sinto uma mudança em todo o meu corpo. E acende esse fogo dentro do meu corpo. Eu simplesmente estou ali. Voando como um pássaro. Como eletricidade. Isso, como eletricidade.

— Billy Elliot

"Qual é o seu sonho?"

Jason Luciano, gerente da loja da Best Buy em South Bay, Dorchester, sul de Boston, fazia essa pergunta a cada membro de sua equipe. Toda resposta era escrita num quadro branco na sala de descanso, junto ao nome da pessoa. Depois de registrá-la, Jason sempre dizia ao funcionário: "Vamos trabalhar juntos para ajudar você a realizá-lo."

Visitei a loja de South Bay em 2016, mais ou menos no início do plano de crescimento Building the New Blue. Ninguém sabia que eu iria lá. Visitas de surpresa como essa me ajudavam a me manter conectado com a linha de frente e com o que acontecia nas lojas. Como sabiamente me disse Shari Ballard, a fenomenal presidente de varejo da Best Buy até 2019, não era possível liderarmos uma companhia como a Best Buy a partir de planilhas em nossos escritórios.

Eu já sabia que a loja de South Bay vinha se saindo bem e estava ansioso para descobrir o que o pessoal de lá estava fazendo, para que outras lojas pudessem aprender. Constatou-se que muito do sucesso se devia à simples pergunta "Qual é o seu sonho?" e ao que Jason, inspirado no gerente distrital que tinha introduzido essa abordagem na área, fazia com cada resposta. Ao imaginar o que impulsionava as pessoas de sua equipe, ele se conectava genuinamente com cada uma delas. Porém o mais genial era que ele encontrasse um modo de conectar os sonhos daquelas pessoas ao propósito da empresa.

Jason me contou a história de uma vendedora que sonhava morar sozinha. O que a impulsionava era o desejo de ser independente. Se permanecesse na base de salário por hora no departamento de celulares, seria difícil ter condições de pagar por uma moradia própria. Juntos, eles conceberam um plano para que ela se tornasse supervisora ou gerente assistente. O que isso exigiria? Que competências ela precisava desenvolver para conseguir essas promoções? E como ele poderia ajudá-la a chegar lá?

Com o apoio de seu gerente e de sua equipe, a jovem ganhou confiança, ajudou a melhorar o desempenho de sua unidade e se tornou alguém que inspirava seus colegas. Quando surgiu uma vaga de liderança no departamento de computação, ela foi escolhida. Após um tempo, realizou seu sonho e passou a ter sua casa.

O comprometimento do gerente da loja em ajudar todo membro de sua equipe a realizar seu sonho foi extraordinário, e foi incrível testemunhar isso de perto. As equipes ganharam energia, o que, somado aos seus talentos, levou a loja a um alto desempenho. O lema de enriquecer a vida dos clientes por meio da tecnologia permitiu aos funcionários enriquecer a própria vida quando gerentes os ajudaram a ver como isso se relacionava com seu sonho, qualquer que fosse. Eles compreenderam que propósito e relações humanas – entre o gerente de loja e todos da equipe, bem como entre os camisas azuis e colegas, clientes, fornecedores, comunidades e acionistas – estão no coração do negócio.

Engajar-se no propósito da empresa porque ele está em sintonia com o que faz você se levantar da cama toda manhã é um dos ingredientes essenciais do comprometimento com o trabalho. Articular claramente e alimentar essa conexão entre o propósito pessoal e o corporativo em cada membro da equipe é, portanto, um dos papéis cruciais de qualquer líder, desde altos executivos até gerentes de loja. É como a eletricidade que Billy Elliot, o jovem filho de um minerador no filme homônimo de 2000, menciona quando lhe perguntam o que ele sente quando está dançando. Se, como eu, você teve uma formação focada em dados e análises objetivas, pode achar isso piegas. No início da minha carreira, eu talvez concordasse com você. Mas funciona. É o tipo de conexão que testemunhei na Best Buy e vi resultar em algo que alguns caracterizariam como milagre improvável. Isso é o que cria as chamadas *love brands* e uma ligação emocional duradoura, imbuída de lealdade, entre uma empresa e as pessoas cuja vida ela toca.

Humanidade é o que liga o propósito pessoal ao coletivo. A maioria das pessoas quer fazer algo bom para os outros. Quando uma empresa se esforça para fazer o bem e ajudar as pessoas, é fácil estabelecer uma conexão entre a motivação pessoal e o propósito nobre da empresa.

Um número crescente de empresários concorda com isso. Mas *como* funciona na prática? Como fomentar e alimentar essa conexão?

Para nós na Best Buy, isso envolveu um processo iterativo que se mantém até hoje e implica o seguinte:

- Expressar claramente a filosofia de "começar pelas pessoas";
- Explorar o que impulsiona as pessoas à sua volta;
- Capturar momentos que importam;
- Compartilhar histórias para estimular a geração de exemplos;
- Definir um propósito significativo, humano e autêntico;
- Preencher a organização com significado.

Expressar claramente a filosofia de "começar pelas pessoas"

No dia 20 de agosto de 2012, a segunda-feira em que foi anunciada minha indicação para CEO da Best Buy, eu me dirigi a um grupo de cerca de 500 diretores e funcionários da companhia, na sede. Expressei, é claro, meu grande entusiasmo para me juntar à Best Buy, expus minhas ideias sobre a empresa e relatei estar confiante em que, unidos, conseguiríamos virar o jogo. Também falei sobre minha filosofia de gestão, que gira em torno de pessoas, negócios e finanças – nessa ordem –, sendo o lucro um resultado e um imperativo, não o objetivo. E deixei clara minha convicção de que o propósito de uma empresa não é ganhar dinheiro, mas contribuir para melhorar a vida das pessoas.

É importante articular essas ideias cedo e com frequência, para que criem raízes e se entranhem na organização, nutrindo o terreno para que todos floresçam.

Shari Ballard foi magnífica em afirmar a nossos 125 mil funcionários que cada pessoa é importante. Ela enfatizou, enérgica e repetidamente, que o tamanho da empresa não faz diferença: nós tocamos a vida de cada uma das pessoas. Shari incentivou nossos gerentes de loja e nossos camisas azuis a olhar para os clientes do jeito que olham para seus familiares e amigos. Como você ajudaria sua mãe ou seu pai a escolher uma TV nova? Ou sua irmã? "Eu me apaixonei pela empresa assim que cheguei e ainda a amo, porque, em sua essência, é um negócio totalmente humano", disse ela. "Somos pessoas que trabalham juntas para servir a outras pessoas em apoio a uma missão que importa na vida das pessoas."

Todo grande encontro ou evento dos últimos anos na Best Buy ressaltou o fato de as pessoas e suas jornadas estarem no cerne do negócio. Esse propósito pessoal, bem como a missão da empresa de enriquecer a vida dos clientes por meio da tecnologia, é central em cada reunião que fazemos. "Eu sou Best Buy" foi o tema do encontro de lideranças de fim de ano de 2019, que procurou mostrar como a história de cada indivíduo contribui para o tecido do qual é feita a empresa.

Em março de 2020, pouco depois de eu ter anunciado que deixaria de ser CEO e quase oito anos após aquele primeiro grande encontro na sede, recebi uma mensagem de um técnico da Califórnia, Arnie, me agradecendo por ter articulado durante todos aqueles anos o valor de ser você mesmo, de servir aos outros e de descobrir nosso propósito. Arnie disse que isso o havia ajudado não apenas no trabalho, mas na vida. Suas palavras de agradecimento me tocaram profundamente, é claro. Também me fizeram perceber que expor com clareza essas crenças tinha tocado mais pessoas do que eu imaginava.

Explorar o que impulsiona as pessoas à sua volta

Já vimos como isso funcionou na loja de South Bay, em Boston. Mas testemunhei outros exemplos. O retiro da equipe executiva em que trocamos histórias pessoais marcantes e nossas motivações gerou uma conexão entre nós, bem como aprofundou nosso entendimento da ligação que havia entre nós e a missão da empresa. Lembro também que, em minha entrevista para a vaga de CEO na Carlson, Marilyn Carlson Nelson me disse: "Fale sobre sua alma." Ela queria saber o que me motivava e se isso se alinhava com o propósito e os valores da companhia. Contei o que havia extraído dos exercícios de Loyola: a importância da minha vida espiritual, como tinha evoluído com o tempo e minhas ideias sobre lucro e o propósito das corporações. Estávamos num voo de Paris a Minneapolis que duraria nove horas, ou seja, tivemos muito tempo para discutir a questão.

Após décadas de "negócios em primeiro lugar" como credo corporativo dominante, é hora de encontrar significado no negócio. Isso começa com o propósito de cada um de nós. Começa por compreendermos como nosso propósito pessoal está alinhado – e *se* está alinhado – com o propósito da empresa.

Capturar momentos que importam

Durante os anos em que fui CEO da Best Buy, poucos momentos foram tão significativos e impactantes como a passagem do furacão Maria, que devastou Porto Rico.

Do continente, no início não conseguíamos conceber a extensão da tragédia. A tempestade tinha derrubado a infraestrutura de energia elétrica e de comunicações da ilha. Casas foram irremediavelmente destruídas ou inundadas. Estradas ficaram intransitáveis. Hospitais se tornaram inacessíveis ou foram evacuados. No dia seguinte, Davian Altamiranda, o gerente responsável por Porto Rico, ainda não sabia de nada disso e ligou às nove da manhã, como agendado, para uma conferência on-line com os gerentes de nossas três lojas na ilha – compromisso ao qual eles nunca faltavam. Como nenhum dos três atendeu à chamada, Davian ficou preocupado. A Best Buy tinha cerca de 300 funcionários em Porto Rico, entre as lojas e o centro de distribuição, e a princípio não conseguimos localizar nenhum deles. Onde será que estavam? Será que estavam bem?

Nossa equipe entrou em ação. Primeiro precisávamos encontrar um modo de fazer contato com cada um para termos certeza de que estavam em segurança. Em alguns casos, pedimos a funcionários que encontrassem seus colegas e divulgassem na comunidade que desejávamos saber se todos estavam bem. Assim, pouco a pouco avançamos e, por fim, tivemos notícias de todos. Mas nem todos estavam bem. Alguns tinham perdido a casa e todos os bens pessoais e não tinham comida nem água potável. Uma funcionária nossa que estava grávida de sete meses e tinha diabetes do tipo 1 não dispunha de eletricidade para conservar os remédios na geladeira. Nos telejornais, víamos carregamentos de itens básicos e doações sendo levados para a ilha, mas nossos funcionários em Porto Rico continuavam sem receber nada. Estavam ficando desesperados.

Davian Altamiranda ligou para Amber Cales, vice-presidente responsável pela região sudeste.

– Temos que fazer alguma coisa – disse ele.
– O que você propõe? – respondeu Amber.
Os portos estavam fechados.
– Preciso de um avião cargueiro! – disse Davian.
– Está bem – disse ela, sem hesitar. – Vamos ver o que podemos fazer.
Amber foi investigar.
– Como eu freto um avião? – perguntou ela a seu superior. – Passo no meu cartão?

Alguns dias depois, Davian e sua equipe chegaram com o primeiro carregamento de itens emergenciais. Mais de 200 funcionários, muitos deles vestindo a camisa azul da Best Buy, o receberam na loja de San Juan. Um emocionado Davian subiu numa plataforma improvisada para dizer aos funcionários que não os tínhamos esquecido.

Cada um deles recebeu em mãos 200 dólares para comprar itens de emergência. Continuamos pagando nossos funcionários por quatro semanas depois da tempestade, mesmo com as lojas fechadas, e oferecemos um adiantamento de mil dólares como reserva financeira de curto prazo. Depois, continuamos pagando normalmente os funcionários que se voluntariassem na comunidade para o trabalho de reconstrução da ilha. O avião voltou para o continente com 70 pessoas – funcionários e suas famílias que optaram por deixar a ilha –, que realocamos em lojas da Flórida.

No total, o avião fez 14 viagens para Porto Rico, lotado de fraldas, água e comida, mais sete viagens para trazer funcionários, entre eles nossa colega grávida e diabética. Com o tempo, ajudamos nosso pessoal a refazer a vida. E eles, em troca, ajudaram a Best Buy a fazer o mesmo.

Três meses após o furacão, uma fila de mais de 100 pessoas se estendia em frente à recém-reinaugurada loja da Best Buy em San Juan, esperando as portas se abrirem. Uma banda tocava uma música alegre em comemoração. Os primeiros clientes a entrar foram recebidos com aplausos entusiasmados de nossa equipe. Em outras circunstâncias, a reabertura da loja poderia ter sido um sinal de fracasso, pois tínhamos perdido o começo da temporada de vendas para as festas de fim de ano.

Mas eu não poderia estar mais feliz. O fato de estarmos abertos apenas três meses após o furacão Maria era um caso de estudo de resiliência e propósito. Em um ano, todas as três lojas e o centro de distribuição na ilha estavam novamente em atividade. E o surpreendente é que nossas vendas ano a ano em todos esses pontos subiram entre 10% e 15%.

O resultado financeiro foi extraordinário. Mas, a meu ver, o fato de nossos funcionários terem ajudado uns aos outros ainda estando sob o trauma de perder tudo da noite para o dia foi a verdadeira conquista. De todos os meus anos como CEO da Best Buy, o que nossa equipe realizou em Porto Rico é uma das coisas de que mais me orgulho – em especial porque eu mesmo pouco fiz. Foram aquelas pessoas que se uniram. "Estamos falando sério quando dizemos que somos uma família", afirmou Amber Cales. "Se você veste esta camisa azul, vamos ajudar você, não importa como." Para Davian Altamiranda, ajudar as pessoas quando elas precisam é o verdadeiro espírito da Best Buy.

Capturar o momento ampliou seu efeito. No encontro de líderes do fim do ano seguinte, exibimos um vídeo sobre aquela provação, como foi percebida por nosso pessoal em Porto Rico e por aqueles que, no continente, tinham organizado a operação de apoio. Fizemos questão de transmitir a essência do que éramos e do que queríamos ser como organização. A história do que tínhamos efetivamente feito como Best Buy deixou claro para todos qual era nosso propósito. Sempre dissemos que as pessoas estavam em primeiro lugar. Contar a história de Porto Rico demonstrou que não eram só palavras. Nosso pessoal também viu a face – muitas faces, na verdade – de nosso propósito em ação. Ele se tornou uma plataforma sobre a qual poderíamos construir.

Compartilhar histórias para incentivar a geração de exemplos

Nosso cérebro é estruturado para se conectar mediante o ato de contar histórias. A narrativa nos dá a sensação de experiência e humanidade compartilhadas. É algo em que encontramos naturalmente significado e inspiração. Contar histórias cotidianas – de funcionários, clientes, comunidades e de como eles impactam a vida uns dos outros – fomenta o propósito e a conexão com a empresa em que trabalhamos e as pessoas com quem trabalhamos.

Há maneiras fáceis de fazer isso em qualquer organização. O blog da Best Buy coleta e publica histórias. Camisas azuis realizando cirurgia num dinossauro de brinquedo quebrado (Capítulo 3), funcionários ajudando veteranos sem-teto e famílias que perderam seus bens nos incêndios na Califórnia, pais e filhos usando camisas azuis são mais exemplos de como ligar propósito a prática.

Acho que ter modelos a seguir ajuda também. Compartilhar explicitamente experiências de trabalho significativo e articular a conexão com o propósito da companhia fomentam um sentido coletivo dentro de uma organização.[1] Isso também cria um ambiente fértil e educativo para que as pessoas identifiquem seu propósito e sinaliza que é algo importante. Mesmo agora que estamos avançados na campanha de crescimento Building the New Blue, toda reunião começa com o tema dos exemplos inspiradores. As pessoas contam sua história pessoal de mudança, por que isso importa para elas e como a Best Buy e o propósito da empresa se encaixam nisso.

Nossos encontros são cheios de histórias humanas de propósito contadas no palco ou na tela. No evento de fim de ano de 2019, um executivo explicou como e por que os relacionamentos que ele construiu durante seus 24 anos de carreira na Best Buy lhe deram um propósito, a começar pelo gerente de loja que acreditou em seu potencial quando ele tinha 18 anos. Em um vídeo, um cliente com deficiência auditiva expressou gratidão por termos contratado um camisa azul que conhecia a língua de sinais. Ouvimos também a história do técnico que mudou a vida de uma mulher incapacitada instalando interruptores e fechaduras de porta ativadas por voz em toda a casa.

Pode parecer que estou fazendo propaganda, mas essas histórias relembram a todos na Best Buy qual é o propósito da empresa, como cada funcionário contribui para esse propósito e como ele impacta a vida das pessoas. Manter essa conexão é crucial para o comprometimento.

Definir um propósito significativo, humano e autêntico

A Medtronic, empresa de equipamentos médicos com sede em Minnesota, é um exemplo claro de companhia que define seu propósito de modo significativo e autêntico. A Medtronic foi liderada durante muitos anos por meu amigo e vizinho Bill George, autor de *Discover Your True North*.[2] A missão da empresa, formulada em 1960, é transformar a vida das pessoas aliviando sua dor, restaurando sua saúde e prolongando sua existência mediante a aplicação de engenharia biomédica. Caso os funcionários da Medtronic percam de vista esse propósito, basta olharem para o logo: um corpo humano erguendo-se da posição deitada e ficando de pé.

A ação de definir um propósito significativo e autêntico não se limita a empresas da área de saúde. "Significativo" envolve fazer diferença na vida das pessoas de um modo que importe aos funcionários. "Autêntico" envolve credibilidade – algo alinhado com o que a companhia faz, com o que é capaz de entregar e que constitui o cerne de seu DNA. Quando eu estava na Carlson, por exemplo, ajudamos nossos clientes a reduzir sua pegada de carbono comparando o impacto de vários meios de transporte. Embora isso fosse significativo, a contradição que havia com nosso negócio minava sua autenticidade: a redução ótima da pegada de carbono exigiria eliminar viagens, o que significaria o fim da empresa.

Como discutido no Capítulo 6, o ressurgimento da Best Buy deveu muito à formulação de um propósito – enriquecer vidas por meio da tecnologia satisfazendo necessidades humanas básicas – e a traduzi-lo em comportamentos diários em toda a companhia. O propósito da Best Buy não veio de consultores de comunicação projetando uma formulação inteligente num slide de PowerPoint. Foi desenvolvido organicamente, em parte observando quem éramos quando mostrávamos nossa melhor versão, como já descrito. Isso dá ao propósito uma autenticidade genuína e profundamente enraizada.

Admiro também o propósito da Ralph Lauren, "inspirar o sonho de uma vida melhor", como um caso de estudo de autenticidade – um sentimento que só se aprofundou quando visitei Ralph e sua esposa, Ricky, no Colorado. Eu sempre soube que esse propósito tinha raízes em sua história de vida: filho de um imigrante judeu de Belarus que cresceu no Bronx, Ralph desenhou linhas de roupas e móveis que refletiam sua visão do verdadeiro sonho americano, desde o visual arrumado e atlético da linha Polo até o puro caubói americano. Esse sonho inspirou genuinamente o garoto de origem modesta a formular sua vida com um sucesso espetacular. Quando me hospedei em sua casa no Colorado, pude confirmar essa autenticidade. O rancho rústico é uma pura extensão do homem Ralph Lauren. É cálido e aconchegante, nada parece encenado ou forçado, desde tábuas reaproveitadas de antigos celeiros de Montana a tendas pintadas à mão por artistas nativos americanos. "Inspirar o sonho de uma vida melhor" não é um slogan vazio. É a essência de Ralph Lauren e daquilo em que ele acredita, e todos os funcionários de sua empresa sabem disso, sentem isso e são inspirados por isso.

Mesmo quando seus clientes são empresas, encontrar a conexão com seu propósito não é tão diferente. Afinal, essas empresas, por sua vez, afetam a vida das pessoas. Quando eu estava na EDS, por exemplo, todos os nossos clientes eram empresas, mas essas empresas atendiam pessoas. Isso ficou muito claro para todos quando trabalhamos nos sistemas de TI que ajudariam a transmitir a Copa do Mundo de futebol para milhões de espectadores em todo o mundo. Esse projeto energizou não apenas a equipe envolvida nele diretamente, mas toda a organização.

Preencher a organização com significado

Finalmente, permear de significado todas as operações e políticas ajuda a conectar o propósito da empresa às pessoas e ao que importa para elas. Isso pode ser feito mesmo em lugares inesperados. A Best Buy, por exemplo, injetou significado em seu código de ética em 2019. Em geral, esses códigos são escritos por advogados e contêm regras que detalham as muitas possibilidades de você ser demitido. São documentos de caráter protetor, listando o que *não* se deve fazer.

Trabalhei junto à equipe de *compliance* em 2018 para insuflar vida em nosso código de ética. Em vez de políticas austeras expressas em juridiquês, formulamos um documento interativo que ajudasse cada um de nós a "ser o nosso melhor" em toda decisão que tomamos todos os dias.

O novo código começa listando as crenças, o propósito, os comportamentos e os valores que guiam a empresa – a bússola que orienta cada um de nós em situações complicadas. O texto se concentra nas intenções, formuladas em termos simples e positivos, e se articula em torno de clientes, funcionários, fornecedores, acionistas e comunidades. E entra, sim, em detalhes – a orientação a respeito de clientes, por exemplo, trata de publicidade, segurança do produto e proteção de dados –, mas as proibições e obrigações são vinculadas ao propósito e aos valores da companhia. A ideia não é prever toda situação possível (até porque nenhum documento jamais conseguiria isso), mas incentivar as pessoas a usar de boa intenção e bom senso. Kamy Scarlett, que sucedeu a Shari Ballard como presidente de varejo em 2019, foi precisa em transmitir essa visão quando disse aos gerentes de loja que a sigla SOP não se referia a *standard operation procedures* (procedimentos operacionais padrão), e sim a *service over policy* (serviço acima de política). Cabe a cada um de nós dentro da companhia, sabendo de nosso propósito e nossa filosofia, agir de acordo.

. . .

Criar as condições para que cada funcionário se sinta pessoalmente envolvido no propósito da empresa porque esse propósito se alinha com aquilo que o impulsiona é o primeiro ingrediente da mágica humana. Essa conexão está imbuída da ideia de fazer diferença na vida de outras pessoas, o que, por sua vez, tem relação direta com nosso segundo ingrediente: criar relações humanas autênticas.

Para refletir

- Você sabe com clareza o que o impulsiona?
- Como seu propósito pessoal se conecta com o da sua empresa?
- Você sabe o que impulsiona cada membro da sua equipe? O que os energiza?
- Como você tem trabalhado com os membros da sua equipe de modo a contribuir para que cada um alcance seu propósito?
- Como você ajuda a conectar o que impulsiona as pessoas à sua volta ao propósito da empresa?

10

Segundo ingrediente: desenvolver conexões humanas

---

*Tudo que sei com certeza [...] é que
o amor é tudo que existe.*

— SHERYL CROW

Quando revelou sua história, Kamy Scarlett, então diretora de recursos humanos da Best Buy, abriu o coração: "Passei 10 anos sem contar a ninguém sobre minha depressão porque não queria ser rotulada ou julgada, ou, pior ainda, ser alvo de piedade", escreveu ela no blog da empresa, levantando o tema da saúde mental e bem-estar. Ela relatou sua luta contra uma grave crise depressiva depois de perder o pai e a mãe para o câncer com uma diferença de seis meses. Kamy reagiu a isso se jogando de cabeça no trabalho e afastando-se de amigos e familiares, até que seu marido, Mike, insistiu em que buscasse ajuda. Foi quando ela começou a fazer terapia e a tomar remédios. A depressão foi passando aos poucos e até hoje ela cuida da mente para evitar uma recaída. "Ouvir as histórias de outras pessoas me deu coragem para me abrir", escreveu ela. "Como uma espécie de retribuição, espero que ouvir a minha história dê coragem a você."

Esse episódio gerou uma onda de apoio dentro da Best Buy. Muitos se reconheceram no relato e se identificaram com Kamy. Centenas de funcionários comentaram o post no blog e mais 371 escreveram diretamente para Kamy, cada um deles contando a própria história. Durante a visita a uma loja, Kamy foi procurada por uma jovem que contou ter tentado suicídio. Depois de ler o post, essa jovem procurou ajuda.

No Capítulo 9 vimos como conectar o propósito individual com o da empresa alimenta o intenso comprometimento que leva a resultados extraordinários. O segundo ingrediente é criar um ambiente no qual conexões possam florescer – como floresceram entre Kamy e seus colegas.

Relações humanas impulsionam comprometimento e desempenho

A pergunta nº 10 da pesquisa de engajamento do Gallup é: "Você tem um melhor amigo no trabalho?" Ouvi falar sobre essa pergunta pela primeira vez quando trabalhava na Carlson e reagi com ceticismo. Soava fofo e suave demais para ter valor real. Tive uma formação de rigor cartesiano, em ciência e matemática. Dados. Ao longo dos anos que passei na McKinsey, na EDS, na Vivendi e na Carlson, sempre acreditei que uma liderança eficaz dependia mais de intelecto, racionalidade, esforço – e, sim, também de um pouco de gentileza, mas o que um melhor amigo no trabalho tinha a ver com desempenho?

Foi na Carlson que comecei a ver, pouco a pouco, que melhores amigos no trabalho podiam mesmo ser valiosos.

Quando saí da Carlson, o grupo ainda tinha um negócio de franquia de hotéis e restaurantes. Numa franquia de restaurantes, toda unidade tem o mesmo posicionamento estratégico, a mesma decoração e o mesmo cardápio, mas o desempenho de cada uma variava muito.

O que explicava essa diferença era o fator humano. O modo como o gerente-geral se relacionava com a equipe indicava como a equipe se relacionava com os clientes. Percebi que, quando o gerente criava um ambiente em que todos sentiam que pertenciam àquele lugar e faziam diferença, os funcionários davam o melhor de si. Quando assumi a Best Buy, em 2012, eu tinha mudado de opinião em relação à pergunta nº 10 do Gallup. Afinal, ninguém dá o melhor de si porque um intelecto superior o obriga a isso.

O nível de comprometimento com o trabalho tem relação direta com quão respeitado, valorizado e cuidado o funcionário se sente – que, por acaso, é como se tratam os amigos.

Não podemos existir sem nos conectarmos uns com os outros. Na verdade, um estudo identificou que as relações humanas são um dos fatores que explicam por que as populações das Zonas Azuis – cinco áreas do mundo, entre elas Okinawa, no Japão, e Sardenha, na Itália – têm uma vida mais longa e melhor.[1] Relações humanas, nesse contexto, incluem a sensação de pertencimento, colocar em primeiro lugar a família (pais, parceiro e filhos) e círculos sociais de apoio. Os okinawanos, por exemplo, têm algo conhecido como *moais*, que são grupos de amigos muito próximos, para toda a vida.

A necessidade básica de conexão humana se tornou evidente durante a epidemia de covid-19. Além da explosão das conexões virtuais durante o isolamento e os *lockdowns*, algumas pessoas em lugares como China e Itália começaram a cantar e a tocar instrumentos musicais na varanda, para lembrar a seus vizinhos que não estavam sozinhos e para aliviar a solidão do confinamento, que tem um impacto significativo na saúde mental.

Minha nova convicção quanto a relações no trabalho influenciou minha abordagem em meu primeiro Encontro de Lideranças da Best Buy para as Grandes Festas. Com as margens de lucro e o faturamento em erosão e nosso plano de retomada ainda em fase de formulação, os analistas já escreviam nosso obituário. Não lembro exatamente o que falei naquele dia. Se você perguntar a alguém que estava lá, acredito que poucos se lembrarão das minhas palavras, mas muitos poderão lhe dizer o que sentiram ao ouvi-las: esperança e confiança, combinadas com realismo e urgência. Lembrarão meu tom e minha energia. Eu estava empolgado e otimista, mas fui honesto. Cada um ali presente se sentiu revigorado, mas também compreendeu que os analistas tinham razão: se a Best Buy não mudasse, seria o fim.

Quando deixei de ser CEO e, depois, presidente do conselho, ficou ainda mais evidente para mim que meus colegas de trabalho não lembrarão se fui inteligente ou como executamos algum plano. O que as pessoas lembrarão é como eu as fiz se sentir. O que as calorosas mensagens que recebi transmitiam era esperança, energia e inspiração.

Embora hoje esteja claro para mim que as relações humanas são essenciais para o comprometimento com o trabalho, as universidades e as diretorias de empresas pensam ou falam muito pouco a respeito. Isso tem que mudar, pois a mágica humana, quando imersa no contexto de uma estratégia eficaz, leva a um desempenho excepcional.

...

Eu compreendia *por que* as conexões humanas importam quando comecei na Best Buy, mas foi apenas durante aqueles anos como CEO que aprendi *como* criá-las. Shari Ballard dizia que empresas não são entidades desprovidas de alma, mas organizações humanas feitas de pessoas que trabalham juntas por um propósito comum. Para fazer a mágica humana acontecer, é preciso que todos se sintam em casa e sejam inteiramente valorizados, com espaço e liberdade para serem quem são. Somente então as pessoas podem fazer valer sua melhor versão. Para criar esses ambientes, é necessário o seguinte:

- Tratar cada um como indivíduo;
- Criar um ambiente seguro e transparente para se construir confiança;
- Estimular a expressão da vulnerabilidade;
- Desenvolver dinâmicas de equipe eficazes;
- Promover diversidade e inclusão.

Isso se tornou um pilar da transformação estratégica da Best Buy e de sua alma como companhia.

Tratar cada um como indivíduo

"Faça as pessoas sentirem que são grandes", disse Shari Ballard, um conselho que segui com entusiasmo. E, numa grande companhia, isso se faz da mesma maneira que num negócio pequeno. Em qualquer empresa, um gerente-geral costuma ter de 5 a 10 pessoas que se reportam diretamente a ele e interage com outras dezenas. Isso valeu para mim na EDS França, que tinha 3 mil funcionários, na CWT, que tinha 22 mil, e na Best Buy, com seus 125 mil funcionários. O tamanho da empresa não fez diferença alguma em minha atitude. Gerenciar não deve ser visto como liderar massas.

Durante uma reunião com um grupo focal de funcionários, um jovem camisa azul ressaltou como fazia diferença em sua vida ser visto como indivíduo. Ele fora contratado aos 18 anos, ainda um rapaz tímido e inseguro. Quando lhe perguntaram sobre experiências significativas que tivera na Best Buy, ele se lembrou na mesma hora da visita do gerente distrital a sua loja. O gerente distrital, que o conhecera quando ele foi contratado, o reconheceu e sabia seu nome. Essa pequena conexão deixou uma impressão duradoura. Ele não era apenas mais um camisa azul. Era uma pessoa conhecida e que importava. Dois anos depois, o antes tímido e inseguro rapaz estava confiante e em franco crescimento.

Quando relembro aquele terrível emprego na mercearia que tive na juventude (Capítulo 1), me dou conta de que ninguém lá sabia quem eu era. Eu sentia que era insignificante, assim como o trabalho que fazia. Como CEO da Best Buy, fiz o que pude para que todos os funcionários sentissem que eles e seu trabalho eram importantes.

No livro *Hidden Values* (Valores ocultos), Charles O'Reilly e Jeffrey Pfeffer, ambos professores de Stanford, analisam empresas que alcançaram um sucesso extraordinário não porque contam com profissionais melhores ou mais talentosos, mas porque descobriram como obter o melhor de seu pessoal e ajudar todos a progredir.[2] As assim chamadas "empresas humanizadas" reconhecem o valor com que cada pessoa pode contribuir, seja qual for sua posição na hierarquia.[3] Elas tratam os funcionários do mesmo modo que devem ser tratados os clientes: com respeito e profunda compreensão de suas necessidades.

O respeito implica ser visto e ter seu papel reconhecido. É como a frase célebre do filósofo francês René Descartes *Cogito ergo sum*, ou "Penso, logo existo". Quando se trata de criar uma organização verdadeiramente humana, creio que existe uma declaração mais poderosa: *Ego videor ergo sum*, isto é, "Sou visto, logo existo". Em *Homem invisível*, romance clássico de Ralph Ellison, o protagonista, um homem afro-americano, relata as muitas formas de invisibilidade social que vivencia. É impressionante que esse livro de 1952 ainda seja tão relevante hoje. Em 2016 a Best Buy organizou grupos focais de funcionários e gerentes de minorias. Ao contrário de grande parte dos funcionários hispânicos e asiáticos, nossos colegas negros e afro-americanos não se sentiam valorizados ou mesmo vistos (falaremos mais sobre isso adiante neste capítulo).

Respeito significa aceitar e valorizar as pessoas por quem elas são e do jeito que são. Depois que um funcionário transgênero procurou o RH para se queixar de que a Best Buy não tinha coberto totalmente seu processo de transição, a empresa reviu os benefícios em vigor e decidiu cobrir procedimentos como implante de peitoral masculino e feminização facial. Kamy Scarlett, a chefe de RH, resumiu perfeitamente por que fizemos essa mudança, da qual apenas uma funcionária veio a usufruir: "Porque ela já é o bastante."

Criar um ambiente seguro e transparente para se construir confiança

Na Black Friday de 2014, meu telefone tocou às quatro da manhã. Era Mary Lou Kelley, chefe do e-commerce da Best Buy, para avisar que nosso site tinha caído por excesso de tráfego. No dia mais agitado e importante do ano, isso era um problema potencialmente devastador. Só havia uma coisa a fazer: arregaçar as mangas e encontrar uma solução. Foi o que fizemos. Naquela temporada de festas de fim de ano, as vendas comparáveis subiram pela primeira vez em quatro anos.

Quando penso em confiança, costumo me lembrar daquela ligação. As más notícias têm que correr pelo menos tão depressa quanto as boas, mas para isso é preciso confiar que, seja qual for o problema que surja, todos vão se concentrar em resolvê-lo, não em procurar culpados. A confiança vem de apoiarmos uns os outros, principalmente em momentos difíceis. Se Mary Lou tivesse medo de ser demitida por admitir o que estava acontecendo, talvez eu não tivesse recebido aquela ligação.

Relações humanas genuínas só florescem quando as pessoas confiam umas nas outras. Em *Capitalismo consciente*, John Mackey, co-CEO da Whole Foods, e Raj Sisodia citam confiança e cuidado como dois elementos-chave do que definem como "cultura consciente".[4] Quando não há confiança, há medo. E o medo destrói o comprometimento e a criatividade.

Construir confiança envolve quatro fatores. Primeiro, leva tempo. Segundo, você precisa cumprir o que disse que ia fazer. Terceiro, você tem que ser acessível. Quarto, tem que ser transparente.

Kamy e muitos outros funcionários da Best Buy se sentem seguros para compartilhar suas histórias e, quando se abrem dessa forma, incentivam outros a se mostrarem vulneráveis também.[5] Segurança é uma necessidade humana básica. Segurança foi o fundamento do sistema verde-amarelo-vermelho de Alan Mulally, que estimulou os executivos a identificar problemas e se ajudarem mutuamente a resolvê-los. Quando cometer erros, não saber ou apenas ser imperfeitamente humano são vistos como fraqueza, ninguém se sente seguro.

Alan Mulally é mestre em fomentar confiança e segurança estabelecendo e implementando um claro código de comportamento. Na Ford, espera-se que ninguém faça piada à custa de outro ou critique alguém que não está presente. Espera-se que cada um dê apoio total a sua equipe. A equipe de Alan precisa sentir que pode confiar que cada um dará suporte aos outros. Alan tinha tolerância zero para comportamentos que se desviassem dessas regras. Era famoso por interromper as reuniões semanais ao surpreender pessoas no celular ou em conversas paralelas. Ele encarava os culpados e dizia: "Deixe que todos ajudemos você, já que está fazendo algo que obviamente é mais importante do que salvar a Ford Motor Company." Era uma questão de respeito, que constrói confiança, e de manter todos focados. "Tudo bem", dizia ele depois, com um sorriso, para aqueles cujo comportamento não correspondia ao esperado. "Você não é obrigado a trabalhar aqui. A escolha é sua."

Estimular a expressão da vulnerabilidade

"A vulnerabilidade é a cola que une os relacionamentos", afirma Brené Brown, autora de diversos livros sobre o tema.[6] Quando nos permitimos ser vulneráveis e mostrar quem realmente somos, explica ela, conseguimos encontrar compaixão, persistência e conexão autêntica. E essa autenticidade, conclui ela, é o berço da criatividade, da alegria e do amor.[7] O caminho para criar mais amor e carinho no trabalho, além de contratar e promover pessoas que amam e têm carinho, é permitir que o amor e o carinho sejam expressos mais abertamente.[8]

O fato de líderes como Kamy contarem sobre sua luta contra a depressão sinaliza que todos compartilhamos uma jornada humana e não deveríamos ocultar quem somos ou ter medo de pedir ajuda. Os CEOs também devem participar. Quando entrei na Best Buy, alertei à equipe de liderança que seria uma reestruturação dura e que cada um precisaria dar o melhor de si, a começar por mim. Avisei também que meu coach executivo, Marshall Goldsmith, conversaria com cada um para obter algum feedback sobre como eu estava me saindo. Depois de receber o feedback, agradeci à equipe e expressei quais seriam os três pontos em que tentaria melhorar. Penso que isso ajudou a dar o tom do processo de reestruturação.

Porém não foi fácil me permitir ser vulnerável. Embora hoje eu consiga abraçar a imperfeição e receber feedback, fui criado acreditando que a vida profissional deve ser mantida separada da vida pessoal e que as emoções não devem ter muito lugar no trabalho. Além disso, sou retraído por natureza. Quando assumi a Best Buy, me atirei no projeto de reestruturação e sublimei o sofrimento do divórcio pelo qual passara pouco antes e que havia me deixado com uma sensação de fracasso. Levei vários anos até conseguir me abrir com amigos sobre isso, o que então me ajudou não só a processar os sentimentos e sarar mas também a aparecer no trabalho com todo o meu eu. Isso, por sua vez, me permitiu liderar com o coração e os instintos, não só com a cabeça.

Ser vulnerável, no entanto, não é expor toda a nossa vida pessoal; é compartilhar algo que seja autêntico, relevante e útil para os outros.[9] Assim, quando, no Encontro de Liderança para as Grandes Festas de 2019, uma funcionária compartilhou que tinha crescido com pais alcoólicos, não tinha ido além do ensino médio e tivera um relacionamento homoafetivo, não foi apenas uma história a título de curiosidade pessoal. Visivelmente emocionada, ela disse que eram coisas das quais sempre se envergonhara e nunca pensara que um dia fosse contar, mas estava contando porque sua história *era* relevante no contexto do encontro: ela havia encontrado no trabalho um lar e um lugar seguro, o que lhe deu a coragem e o espaço para ser ela mesma e reaprender a confiar e encontrar aceitação. Estava sendo vulnerável para estimular e inspirar outros a serem eles mesmos, bem como a encontrar a própria voz.

Um ato de vulnerabilidade como esse exige coragem. Mas, como essa líder e a história de Kamy demonstraram, quando você está sendo vulnerável em ambientes em que a confiança e o respeito estão estabelecidos, as pessoas querem ajudá-lo. E você também está dando a elas licença para pedir ajuda. É isso que constrói ambientes nos quais pessoas dão suporte umas às outras e é, também, o que faz com que empresas sejam frequentemente descritas, como é o caso da Best Buy, como uma família.

A liderança às vezes exige combinar vulnerabilidade com decisões difíceis e com o ato de oferecer esperança. A mensagem de vídeo do CEO da Marriott, Arne Sorenson, aos funcionários em 19 de março de 2020, em meio à pandemia de covid-19, é uma aula-mestra de inteligência emocional e vulnerabilidade. Ele se apresentou – para o choque de muitos – sem sua basta cabeleira, devido a um tratamento de câncer no pâncreas. Falou primeiro sobre os funcionários diretamente afetados pelo vírus, oferecendo apoio, depois explicou que o impacto da pandemia e as restrições adotadas para conter sua disseminação estavam afetando duramente os hotéis Marriott.

Não dourou a pílula, mas também não transmitiu pânico ao explicar o que a empresa estava fazendo para mitigar a crise. Novas contratações tinham sido suspensas e foram cortados custos em setores como marketing e publicidade. Ele mesmo não receberia mais remuneração pelo resto do ano e a equipe executiva teria um corte de 50% nos salários. A semana de trabalho estava sendo reduzida no mundo inteiro e entraria em vigor uma dispensa temporária.

Em seguida, ele abordou sinais de recuperação na China, o que representava esperança para o resto do mundo. "Posso dizer a vocês que nunca passei por um momento mais difícil que este", disse, referindo-se a seus oito anos como CEO da Marriott. "Simplesmente não há nada pior do que dizer a colaboradores altamente valorizados, pessoas que estão no próprio cerne desta companhia, que seus papéis estão sendo impactados por eventos que escapam completamente de seu controle", acrescentou, com a voz vacilante. "Nunca estive mais determinado a nos fazer atravessar uma crise do que neste momento."

Ele concluiu com uma nota esperançosa, projetando o dia em que a comunidade global chegaria ao outro lado da pandemia e as pessoas voltariam a viajar. "Quando esse grande dia chegar, estaremos aqui para lhes dar as boas-vindas, com o calor e o carinho pelos quais somos conhecidos em todo o mundo." Sua mensagem foi honesta, sincera e emocionante, e ao mesmo tempo edificante e inspiradora.[10]

Desenvolver dinâmicas de equipe eficazes

Para criar equipes de alto desempenho, a melhor versão de cada pessoa tem que se traduzir na melhor versão do coletivo. E, para isso acontecer, é preciso alavancar relações humanas.

Em 2016, a Best Buy estava na transição da reestruturação para o crescimento e era hora de mudar de marcha: se tínhamos a certeza de que contávamos com as pessoas certas para as tarefas certas, a missão agora era fazer com que nossas equipes tivessem um desempenho melhor. Convocamos o coach executivo Eric Pliner para trabalhar com executivos seniores, inclusive eu (como contei no Capítulo 3). O objetivo inicial era melhorar o desempenho de cada um de nós, mas isso mudou rapidamente, porque, como Eric costuma dizer, "as melhores equipes são equipes classe A, não grupos de jogadores classe A".

Nós tínhamos jogadores classe A, mas não tínhamos equipes classe A.

Eric diagnosticou dois motivos para isso. Primeiro, os executivos tendiam a ter mentalidade de herói: eram pessoas de alto desempenho que buscavam resolver problemas como indivíduos. Segundo, respeitar os sentimentos da pessoa era mais valorizado do que cuidar da pessoa. Há uma diferença sutil, mas crucial. As pessoas reagiam a falhas com gentileza excessiva, evitando falar algo mais duro para não magoar o colega.

Assim, primeiro Eric estabeleceu como era cada um de nós numa variedade de aspectos, tais como necessidade de interação, de controle ou de reflexão, ou a probabilidade de se tornar emotivo, para nos ajudar a compreender nossas diferenças. Depois ele nos deu feedback individual e localizou num gráfico onde estava cada um de nós. Por fim, para que a ideia fosse bem aprendida, nos orientou a ficar de pé em pontos diferentes da sala, um modo de nos levar a perceber fisicamente onde estávamos posicionados em relação uns aos outros em cada uma das três dimensões. Não só foi uma atividade divertida como nos deu uma compreensão visual, e depois concreta, de nossas semelhanças e diferenças.

Compreender as diferentes necessidades uns dos outros e se conectar ao interagir com outros nos ajudou a nos relacionarmos melhor entre nós. Isso não significava que precisássemos mudar, só tornou muito mais fácil ver como cada um era capaz de irritar o outro e compreender as consequências de nosso comportamento. Ao vivo, naquele recinto, nós passamos de "Acho irritante quando você faz isso" a "Se eu apresentar isso de modo diferente, nós dois podemos conseguir o que queremos".

Outro momento revelador foi quando Eric perguntou a esses mesmos executivos qual era sua equipe principal. Todos disseram que era sua equipe funcional – marketing, cadeia de suprimentos, varejo, finanças, RH, etc. Ninguém mencionou que a equipe executiva – a que estava fazendo o exercício – era sua equipe principal. Ainda éramos um grupo de jogadores. Isso começou a mudar quando Mike Mohan, à época diretor de promoção de vendas, afirmou que precisava fazer da equipe executiva sua equipe principal.

Para fortalecer nossas conexões, aprendemos também a deixar de lado o "Não quero ferir seus sentimentos" e adotar um feedback sincero. Praticamos com um exercício de "continue-comece-pare", em que cada pessoa diz a cada colega o que esse colega deve continuar fazendo, o que deve começar a fazer e o que deve parar de fazer na relação com ela. Com isso, nos tornamos muito mais abertos e honestos.

Ao longo de anos, reservamos um dia por trimestre – cerca de uma semana de trabalho por ano – para trabalhar com Eric com o objetivo de nos tornarmos uma equipe executiva mais eficaz. Se alguém tivesse me dito, 20 ou até mesmo 10 anos atrás, que eu estaria investindo esse tempo em construir melhores relacionamentos no trabalho, eu não teria acreditado. Como? Vamos passar um dia ou um dia e meio falando sobre nós, nossos sentimentos e as relações entre nós? A versão anterior de mim mesmo ainda não compreendia como é valioso investir uma semana em se tornar uma equipe mais eficaz em vez de passar esse tempo debruçado sobre planilhas e números de vendas.

Promover diversidade e inclusão

Acionar a mágica humana celebrando funcionários como indivíduos é, em essência, uma questão de diversidade e inclusão. Escrevo isto em 2020, época em que ficou ainda mais óbvio que diversidade e inclusão são questões que precisam ser abordadas. Fomentar ambientes que promovem a diversidade melhora muito o envolvimento do funcionário e o desempenho da empresa.[11] Vistas sob essa luz, diversidade e inclusão não são um espetáculo marginal. São imperativos-chave do negócio.

Quando falo sobre diversidade e inclusão no contexto de acionar a mágica humana, refiro-me a criar um ambiente favorável para que cada pessoa contribua e seja valorizada por quem é, do jeito que é, com a perspectiva e a experiência que lhe são singulares. Isso inclui, é claro, gênero, raça, etnia e orientação sexual. Também inclui considerações como diversidade cognitiva, etária, social e cultural.

Embora muitas companhias estejam empenhadas em se tornarem mais diversas, a mudança tem sido lenta demais. Estamos condicionados a favorecer pessoas que se parecem conosco e pensam como nós, o que perpetua uma exclusão sistêmica, principalmente quando se trata de gênero e raça. É preciso mais do que boas intenções ou um programa de diversidade, equidade e inclusão para combater os desequilíbrios existentes. São necessárias ações ousadas e sustentadas. E isso exige liderança. Meus anos na Best Buy foram a época em que mais aprendi sobre diversidade e inclusão.

Nos idos de 2012, a Best Buy era bastante diversa e representativa quando se tratava dos camisas azuis, mas, do cargo de gerente de loja para cima, a porcentagem de brancos e homens só aumentava. Um em cada cinco gerentes de loja era mulher, por exemplo, e todos os gerentes territoriais eram homens. Esse campo sempre foi um domínio masculino, o que era desconfortável para muitas mulheres. Poucas posições gerenciais eram ocupadas por pessoas não brancas, particularmente afro-americanos. O desequilíbrio racial refletia em parte a demografia local: historicamente, Minnesota tinha estado no lado mais pálido do espectro racial, habitada por imigrantes da Alemanha, da Escandinávia, da Finlândia e da Irlanda. Recentemente, porém, o estado ficou mais diversificado, sendo agora o lar de uma crescente comunidade de imigrantes latinos, somalis e asiáticos.

Essa diversidade não se refletia na Best Buy nos níveis acima dos pavimentos das lojas.

Precisávamos mudar isso.

Começamos pelo topo. Se os funcionários não virem alguém que se pareça com eles na gerência e na diretoria, não vão sentir que têm chances. E, se sentirem que têm poucas chances, não vão se comprometer completamente nem dar o melhor de si. Tive a sorte de conseguir resolver rapidamente desequilíbrios na equipe executiva. Amplas pesquisas confirmam que empresas com mais mulheres no topo da equipe administrativa têm um desempenho melhor.[12] Minha longa experiência trabalhando com mulheres confirmava isso. Marilyn Carlson Nelson tinha sido minha chefe durante meus primeiros anos na Carlson Wagonlit Travel e depois na Carlson; quando eu estava encarregado da Vivendi Games, também me reportava a uma mulher, Agnès Touraine.

Mulheres formidáveis logo ocupavam posições-chave na equipe executiva da Best Buy, da diretora financeira, Sharon McCollan, à chefe do setor de lojas, Shari Ballard, e à encarregada do e-commerce, Mary Lou Kelley, o que levou a revista *Fortune* a publicar uma matéria com o título "Conheça as mulheres que salvaram a Best Buy" em 2015.[13] Com base em experiência e estudo, adquiri o entendimento que ajudou a assegurar que mulheres fossem reconhecidas e promovidas quando mereciam. A especialista em liderança de mulheres Sally Helgesen e meu ex-coach Marshall Goldsmith, por exemplo, destacaram em seu livro 12 hábitos que costumam impedir que mulheres bem-sucedidas tenham mais sucesso – peculiaridades que são diferentes daquelas que os homens tendem a demonstrar.[14] Mulheres, por exemplo, em geral têm mais dificuldade para reivindicar realizações ou se candidatarem a uma vaga de emprego a menos que correspondam a todos os requisitos ou mais. Distribuí o livro de Sally e Marshall a todos os líderes da Best Buy. Queria que compreendessem que tínhamos feito a balança se inclinar para compensar diferenças de comportamento. De outra forma, nada jamais mudará. Na primeira metade do ano fiscal de 2019, 58% das contratações externas da Best Buy em nível corporativo foram mulheres. E em 2019 a Best Buy nomeou sua primeira CEO, Corie Barry.

Revisitar a diretoria da Best Buy também foi parte dos esforços por diversidade. Precisávamos de talentos, perspectivas e experiências mais diversificados, para dar suporte a uma grande reestruturação e, depois, a uma grande campanha de crescimento. Começando em 2013, recrutamos pessoas que tinham experiência em transformar com sucesso grandes empresas; diretores que tinham forte foco em inovação, tecnologia, dados e e-commerce; e, mais recentemente, líderes com experiência no setor de saúde. Ao escrever estas linhas em 2020, os diretores da Best Buy representam agora um mix diversificado de talentos, gêneros e etnias, tendo todos eles feito inestimáveis contribuições. Dos 13 membros da diretoria, três são afro-americanos e sete são mulheres. Efetiva diversidade na diretoria é uma questão de encontrar as aptidões certas e construir massa crítica – não tokenismo – para que diferentes perspectivas e visões levem a melhores resultados.[15]

Desequilíbrios raciais entre funcionários mostraram ser um desafio maior. Em 2016, as reuniões que conduzi com alguns grupos focais de funcionários e gerentes que faziam parte de grupos minoritários deixaram algo dolorosamente claro para mim: muitos de nossos colegas afro-americanos se sentiam empacados em cargos iniciais, com poucas perspectivas de progredir na carreira. Na sede, sentiam-se presos na central de atendimento, quase nunca sendo considerados para promoções. Keith Nelson, do Conselho Geral da Best Buy, patrocinador executivo do Grupo de Recursos do Funcionário Negro, estava empreendendo muitos esforços em benefício de candidatos negros, mas eles nunca conseguiam os empregos. Muitos funcionários não brancos eram de outras partes do país e se sentiam deslocados em Minnesota. Encontravam pouca consciência ou compreensão, por parte de seus colegas locais, de que suas experiências de vida eram diferentes daquelas de um típico morador de Minnesota.

Fiquei arrasado e sinceramente triste com o que ouvi nesses grupos focais. Como francês branco morando em Minnesota, eu tinha pouquíssima noção dos desafios que pessoas não brancas enfrentam. Também estava ciente de que minha experiência em conduzir uma mudança real, quando se trata de diversidade de todos os tipos, era limitada. Eu precisava fazer mais, a começar por compreender melhor a profundidade dos obstáculos sistêmicos que as minorias enfrentam, em especial nossos colegas afro-americanos.

Uma das iniciativas introduzidas por Howard Rankin, que conduzia nossos esforços por diversidade e inclusão, foi um programa de mentoria "invertido", que pareava executivos da Best Buy com funcionários que os ajudariam a ampliar sua compreensão das diferenças. Tive a incrível sorte de ter como mentora Laura Gladney, uma afro-americana com dois filhos que trabalhava na gestão da cadeia de suprimentos. Nossas discussões mensais permitiram que eu visse o mundo – e também a Best Buy – através dos olhos dela, o que me ajudou a avaliar o peso da história e o que significa ser afro-americano nos Estados Unidos de hoje.

Aprendi, por exemplo, que a vibrante comunidade de Rondo, em St. Paul, Minnesota, foi desmembrada nas décadas de 1950 e 1960, em função da construção da rodovia I-94, que atravessou a área deslocando famílias e extinguindo negócios locais.

Num nível mais pessoal, Laura ecoava a visão expressa por muitos de seus colegas sobre a falta de oportunidades para o desenvolvimento de carreiras, o que quase a levara a deixar a empresa. Ela também me ajudou a ter uma compreensão mais profunda das Faculdades e Universidades Historicamente Negras, o que me fez perceber que nosso recrutamento estava deixando de explorar terrenos ricos em talentos.

Por sugestão de colegas, encontrei-me também com Mellody Hobson, presidente e co-CEO da Ariel Investments, de Chicago, e membro de várias diretorias, entre elas as da Starbucks e da JP Morgan. "Você precisa colocar isso em termos de negócios", ela me disse num café da manhã em Nova York. As empresas precisam refletir as demografias de seus clientes para serem capazes de compreender e considerar suas necessidades. Como exemplo, ela explicou que muitas torneiras e *dispensers* de sabonete automáticos em banheiros públicos são fonte de frustração para afro-americanos, porque a tecnologia infravermelha não funciona bem com peles escuras. Em empresas cheias de funcionários brancos, ninguém pensou em testar a tecnologia em peles de outras cores. Não faltam exemplos semelhantes, a começar pelo infame sistema de reconhecimento facial do Google Fotos, por causa da insuficiente diversidade na configuração racial das equipes de desenvolvimento e nos bancos de dados de imagens.[16]

O ímpeto da Best Buy em aumentar a diversidade e a inclusão se concentrou em força de trabalho, ambiente de trabalho, fornecedores e comunidade. Expandimos nossos esforços de recrutamento ampliando nosso banco de candidatos. Isso incluiu a criação de um programa de recrutamento e de bolsas de estudo em parceria com Faculdades e Universidades Historicamente Negras. Na primeira metade do ano fiscal de 2019, pessoas não brancas constituíam 20% das contratações externas da Best Buy em nível corporativo e 50% do recrutamento externo nas lojas.

Mas a mudança é lenta. A Best Buy em geral prefere recrutar internamente, o que, embora traga muitas vantagens, retarda o progresso em diversidade. Além disso, a rotatividade continua a ser mais alta entre funcionários não brancos, apesar de a diferença ter reduzido. Ainda há muito trabalho a ser feito.

Além de impulsionar um recrutamento mais diversificado, trabalhamos duro para dar melhor suporte a funcionários que fazem parte de grupos minoritários. Um programa de mentoria individual foi estabelecido para ajudar a alavancar carreiras. Diversidade e inclusão são agora parte dos critérios de avaliação de todos os funcionários da Best Buy.

Tal como outras empresas, a Best Buy também está utilizando seu poder de compra para influenciar fornecedores. Por exemplo, estimulei nosso diretor jurídico a explicar a firmas de advocacia que gostaríamos de trabalhar com equipes diversificadas. Caso isso não fosse possível, buscaríamos outra firma.

Tamanho esforço pela diversidade gera certo desconforto. Muitos alegam erroneamente que abrir mais espaço para grupos sub-representados é excluir outros grupos. Quando, em 2016, mencionei durante um discurso a funcionários da Best Buy que o rosto da empresa, tal como acontece com grande parte das empresas americanas, ainda era preponderantemente "branco, masculino e ultrapassado", um funcionário se sentiu ofendido e reclamou com nosso departamento de recursos humanos. Minhas palavras pretendiam ser autodepreciativas – não há como negar, afinal, que eu mesmo sou homem e branco –, mas pedi desculpas.

A meu ver, isso dá a homens brancos como eu uma excelente oportunidade para perceber nossos muitos privilégios e sentir o que tantos outros já sentiram. Além disso, a perspectiva do jogo de soma zero não vê que sem diversidade todos acabarão sofrendo. Pense na crise financeira que começou com a quebra do banco Lehman Brothers. Se fosse Lehman Brothers & Sisters, a história certamente teria sido muito diferente.

. . .

A Best Buy recebeu muitos louvores – de fontes como a *Forbes* e o site de oferta de vagas Glassdoor – por ser um ótimo lugar de trabalho para todos. Quando perguntam aos funcionários o porquê, a maioria cita aspectos semelhantes: é como uma família; é como se estivéssemos em casa. Isso é parte daquilo que os faz querer ir trabalhar de manhã. Essa conexão vem de respeito, confiança, vulnerabilidade e dinâmicas de equipe eficazes, bem como de diversidade e inclusão.

Relações humanas fortes dentro da empresa, somadas a propósito, contribuem para a criação da mágica humana que leva a um desempenho sobrenatural.

No próximo capítulo veremos o terceiro de nossos cinco ingredientes da mágica humana: a autonomia.

Para refletir

- Você tem amigos no trabalho?
- Você sente que é visto no trabalho como um indivíduo único? O que você faz para que os outros tenham essa mesma sensação?
- Você sente que pode confiar na sua equipe? Por quê?/ Por que não?
- Você se sente confortável em se mostrar vulnerável no trabalho? E em ver a vulnerabilidade dos outros? Por quê?/ Por que não?
- Você se relaciona com diferentes membros da equipe de maneiras diferentes, de acordo com o estilo de comunicação e as preferências de cada um?
- Como você promove a diversidade e a inclusão no trabalho? O que mais você poderia fazer?

11

Terceiro ingrediente: fomentar a autonomia

Os seres humanos possuem um impulso interno inato para serem autônomos, autodeterminados e conectados uns com os outros. Quando esse impulso é acionado, as pessoas vão mais longe e levam uma vida mais rica.
– Daniel H. Pink, *Motivação 3.0*

Quando conheci Maurice Grange, em 1986, ele tinha a seu cargo a manutenção na empresa de computadores Honeywell Bull, em Paris, fazia muitos anos. Eu era um jovem consultor da McKinsey, parte de uma equipe que vinha ajudando a Honeywell a melhorar o atendimento ao cliente. Eu me surpreendi ao observar que o nível de satisfação do cliente variava muito de um distrito a outro, mas os dados condensados por região mostraram resultados mais uniformes, pois os distritos se equilibravam entre si.

Durante uma reunião, recomendei a Maurice Grange que observasse os dados dos distritos para compreender melhor o que estava impulsionando o desempenho e responsabilizar os gerentes regionais pelos resultados dos distritos. "Meu jovem", disse Maurice, "vou explicar para você a teoria da égua."

Teoria da égua? Eu não tinha ideia do que era isso. Mas fiquei curioso.

"Pense numa égua numa fazenda", disse ele. "A égua está mancando e sofrendo visivelmente. Ela está com uma pedra no casco. Um veterinário é chamado. Ele tem que erguer a pata do animal para extrair a pedra com um gancho, mas, se o veterinário segurar o casco, a égua precisará de um apoio para ficar de pé e aos poucos vai transferir o peso do corpo para o veterinário. O veterinário vai acabar sendo esmagado. A única solução é soltar a pata, pois isso forçará a égua a se equilibrar por si mesma."

Maurice Grange queria dizer que, se um gerente tenta carregar sua equipe e resolver seus problemas, a equipe se apoiará cada vez mais nele. Isso pode ser tentador a curto prazo, mas o gerente acabará esmagado. Se fosse se envolver nos problemas dos distritos, Maurice estaria fazendo o trabalho dos gerentes regionais no lugar deles. Ele precisava deixá-los andar com as próprias pernas.

Isso estava muito longe das teorias de administração científica e planejamento estratégico que me ensinaram, personificadas pelo ex-secretário de Defesa americano Robert McNamara: planejar, organizar, dirigir e controlar, com base na ideia de que a gestão poderia ser uma ciência pura. Uma pequena equipe de pessoas inteligentes no topo, com base em dados e análise estatística, elaborava um plano racional, que era repassado para os níveis hierárquicos abaixo. O período de McNamara no Pentágono acabou marcado pelo desastroso envolvimento dos Estados Unidos no Vietnã. Como ele mesmo se deu conta depois, uma análise baseada somente em dados quantificáveis deixa escapar elementos intangíveis cruciais, como motivação e esperança, ou desengajamento e ressentimento, além de estar sujeita a vieses e dados falhos. Seres humanos – e, portanto, líderes – não são oniscientes e infalíveis.[1]

Décadas depois, no entanto, a abordagem analítica de cima para baixo ainda era dominante no mundo dos negócios. Meu primeiro impulso foi rejeitar a teoria da égua. Meu amor pelos dados e pelo raciocínio dedutivo me deixava cego à realidade de que, embora certamente sejam muito úteis, eles não precisam levar a uma abordagem de comando e controle que já não cabe no cenário atual. Em nossa nova realidade, ser ágil e inovador é crucial. A necessidade de inteligência emocional, rapidez e flexibilidade significa que a autonomia do funcionário – deixá-lo carregar o próprio peso – se tornou essencial para o sucesso.

Na maioria dos casos, decisões não podem – e não devem – ser impostas de cima para baixo.

Você poderia perguntar: o que isso tem a ver com mágica humana? A autonomia – a capacidade de você controlar o que, onde e com quem faz algo – é um dos elementos fundamentais do que intrinsecamente nos motiva, que leva a um desempenho melhor.[2] A autonomia nos permite pensar de modo criativo, o que produz inovação. Não existe inovação sem liberdade para experimentar novas ideias. A autonomia também motiva porque é mais satisfatória. Poucas pessoas gostam que lhes digam o que fazer. Eu não gosto. Pesquisas comprovam que níveis de estresse no trabalho têm relação direta não só com o grau de exigência, mas também com a liberdade para controlar e organizar as próprias atividades.[3] Quanto menos liberdade proporciona, mais extenuante é o trabalho.

Para se criar um ambiente de trabalho com autonomia que ajude a acionar a mágica humana (não um caos em que cada um faz o que bem entender), é preciso:

- Empurrar a tomada de decisões para o nível hierárquico mais baixo possível;
- Dar preferência a um processo participativo;
- Adotar métodos ágeis de trabalho; e
- Ajustar-se à aptidão e à vontade.

Vejamos um por um.

Empurrar a tomada de decisões para o nível hierárquico mais baixo possível

Em 2016, Corie Barry e eu estávamos num voo para San Antonio, Texas. Na época, Corie estava encarregada do crescimento estratégico, apresentando e testando novas ideias e iniciativas como parte da recém-anunciada estratégia de crescimento Building the New Blue. Uma ideia que a equipe de Corie vinha testando era a de consultores que atendessem em domicílio. A equipe tinha elaborado um programa piloto que estava sendo conduzido em San Antonio. Corie e eu estávamos indo até lá para que eu visse o teste em ação.

Durante o voo, Corie me deu para ler um documento apresentando a nova iniciativa: o programa piloto tinha tido excelentes resultados e faria sentido que o passo seguinte fosse uma expansão para os mercados da Flórida e de Atlanta. Ansioso para esclarecer o propósito exato da minha visita, perguntei a Corie se eu estava indo a San Antonio para decidir se iríamos expandir o programa para esses novos mercados. "Não!", respondeu ela. "Eu já tomei essa decisão!"

Abri um enorme sorriso. Esse era o tipo de autonomia de que precisávamos – de que todas as empresas precisam – para progredir. O único objetivo da minha visita era ver nossa iniciativa em primeira mão e me manter informado.

Isso refletia uma mudança em que nós, da equipe executiva, vínhamos trabalhando com a ajuda de Eric Pliner. Para melhorar nossa atuação como equipe (como expus no Capítulo 10), ele fez com que trabalhássemos a tomada de decisões. Na situação da crise de reestruturação, eu tinha ficado ao volante nas decisões importantes. Era hora de mudar isso.

A primeira coisa que examinamos foi *quem* deveria tomar decisões, ou seja, em que nível da organização as decisões deveriam ser tomadas. Pliner defendeu que isso ocorresse nos escalões de nível mais baixo possível, que é onde as pessoas têm informações em maior quantidade ou qualidade para a tomada de decisões. Numa grande varejista (como a Best Buy), porém, essa mudança não é trivial. O fato de ser uma empresa que atua em um único ramo, organizada por funções, como marketing, merchandising e canais de venda, tende a empurrar as decisões para o alto, onde essas funções se encontram.

Ainda assim, tínhamos oportunidades. Por exemplo, gerentes de loja costumavam se basear num roteiro de vendas desenvolvido de maneira centralizada para treinar os camisas azuis e orientar suas interações com os clientes. Rapidamente ficou claro que, se era para os vendedores se conectarem de modo autêntico com os clientes, deveriam ter a liberdade de ser autônomos e tomar decisões sozinhos. Quando nosso propósito de melhorar a vida dos clientes por meio da tecnologia ficou claro, nossos vendedores precisaram de autonomia para fazer isso do modo que fosse verdadeiro para cada um deles. O que vinha de cima era o "porquê" trazido pela intenção e pelo propósito, não o "como" de um rígido roteiro de vendas. Isso só poderia funcionar no ambiente de confiança e respeito delineado no Capítulo 10.

O *ethos* da Amazon, "Discorde e comprometa-se", ilustra bem essa abordagem à tomada de decisões. Numa carta aos acionistas explicando por que a empresa deveria sempre considerar cada dia como o Dia Um, Jeff Bezos contou como, certa vez, não estava convencido de que uma proposta de produção original da Amazon Studios seria boa. Mas sua equipe pensou de modo diferente, portanto o programa avançou com seu apoio irrestrito. "Perceba o que este exemplo *não é*", explica ele. "Não é que eu tenha pensado comigo mesmo: 'Bem, esses caras estão errados, mas não vale a pena me opor.' É um autêntico desacordo de opiniões, uma sincera expressão de como eu vejo, uma oportunidade de a equipe pesar minha opinião e um rápido e sincero comprometimento de seguir seu caminho."[4]

Além de definir *quem* deveria tomar as decisões, Eric nos fez elaborar *como* as decisões deveriam ser tomadas. Com a ajuda dele, aprendemos a alavancar a estrutura conhecida como RASCI, que se refere a *responsável, autoridade, suporte, consultar* e *informar*. Revimos várias decisões e discutimos a quem deveria ser atribuída cada categoria de decisão.

Acabei ficando com algumas decisões pelas quais eu era *responsável* e às quais ofereceria *suporte*. Em muitas outras eu seria *consultado* ou meramente *informado*. No fim, eu era pessoalmente *responsável* por quatro decisões: a estratégia global da organização; deliberações sobre grandes investimentos, especialmente fusões e aquisições; quem faria parte da equipe executiva; e dar o tom para os valores da companhia. Eu seria consultado a respeito de várias decisões, é claro, e daria minha opinião sobre assuntos como gestão de marcas e estrutura de capital, mas caberia ao diretor de marketing e ao diretor financeiro bater o martelo. Em muitos casos – como no lançamento do programa de consultores em domicílio –, eu só precisava ser informado. Além de introduzir mais autonomia no sistema, nosso novo *modus operandi* evitava a armadilha oposta de paralisar as engrenagens por excesso de liberdade, com todo mundo emitindo uma opinião mas ninguém tomando uma decisão.

Passamos a agir de modo mais descentralizado. Isso era perfeito para nossa estratégia de crescimento, mas uma notável mudança em relação a nosso modo de agir na reestruturação, durante a qual tomei uma porção de decisões para mudar os rumos. Alguns hábitos precisavam ser mudados, e isso era um ajuste a ser feito. Aprimorar a maneira como nos relacionávamos uns com os outros, como descrevi no Capítulo 10, deu grande suporte à mudança. Confiávamos que seria tomada a melhor decisão possível, mas também estávamos prontos para oferecer ajuda e um feedback honesto caso fosse necessário. Quando começamos a trabalhar com Eric, todos na equipe ficavam olhando na minha direção sempre que alguém precisava dar a palavra final sobre qualquer assunto. "Não olhem para mim!", eu dizia com um sorriso. Com o tempo, passamos a tomar decisões muito mais descentralizadas, que esclareceram, aceleraram e melhoraram muito nossas operações.

Isso me lembra minha experiência como presidente da EDS França. O CEO da Nike no país tinha me dado uma coleção de adesivos com o famoso slogan "*Just do it!*", que poderíamos traduzir como "Vá lá e faça!". Sempre que alguém vinha com uma ideia na EDS, eu lhe dava um daqueles adesivos. Queria que todo mundo sentisse que podia seguir com suas ideias e tentar implementá-las.

Dar preferência a um processo participativo

Quando ainda era consultor na McKinsey, trabalhei numa pequena cidade na região central da França junto a uma fábrica de baterias para sistemas de mísseis que precisava melhorar seu desempenho operacional. Usamos um processo em quatro etapas que durava mais ou menos oito semanas. Primeiro, estabelecíamos uma referência e metas de aprimoramento – que precisavam ser bem ambiciosas para impedir que o processo fosse apenas maquiado e para forçar a organização a repensar radicalmente seu modo de operar. Depois, todo mundo deveria contribuir com ideias de incrementos – mas as melhores costumavam vir dos trabalhadores da linha de frente, que sentiam na pele qual processo era inapropriado e em geral já sabiam o que poderia funcionar com mais eficácia. Em seguida, as ideias eram classificadas em três grupos: Sim (ideias boas), Não (caras e/ou arriscadas demais) e Talvez (potencialmente promissoras). Por fim, estabelecíamos os passos seguintes para as ideias Sim e Talvez.

O papel dos gerentes seniores era basicamente ficar de fora: eles organizavam e conduziam o processo que permitia aos operários e seus supervisores diretos trazer as ideias.

Para um jovem consultor na McKinsey ainda apegado ao modelo de comando e controle, os resultados foram bem surpreendentes. Os operários apresentaram numerosas ideias concretas que ninguém nos órgãos centrais jamais conceberia. Embora esses projetos operacionais não fossem considerados especialmente sofisticados dentro da McKinsey, a experiência se revelou bastante esclarecedora – e uma lição que nunca esqueci.

Fazer uma solicitação como essa, de que todos trouxessem ideias, pode ter sido mais fácil para mim do que para outros por um motivo: ao longo da minha carreira, tive a sorte de liderar empresas em setores sobre os quais eu não sabia nada quando cheguei. Não tive escolha senão confiar nas pessoas e dar poder a elas. Minha condição de *outsider* era um antídoto eficaz para o caso de eu me sentir tentado a retomar a estratégia de cima para baixo. Quando assumi a Carlson Wagonlit Travel, a empresa precisava de um plano de crescimento a ser apresentado na reunião seguinte da diretoria. Era a minha terceira passagem como CEO, depois da EDS França e da Vivendi Games, e eu sabia que meu trabalho não era trazer respostas. Mesmo que eu quisesse, não poderia tê-las: minha única experiência no setor de viagens era ter viajado. Meu trabalho era criar e conduzir um processo que permitisse àqueles que conheciam o negócio muito melhor do que eu encontrar as respostas. Na CWT, imitamos a abordagem de quatro etapas que eu tinha aprendido na fábrica de baterias: Qual é nossa situação hoje? Onde queremos estar? O que precisamos fazer para chegar lá? Como exatamente vamos fazer isso? Organizamos workshops com equipes de todas as funções, de RH a marketing, gestão de cadeia de suprimentos e TI. Não apresentei ideias nem soluções. Fiz perguntas, dei suporte à equipe na criação de um plano e ajudei a sintetizá-lo e apresentá-lo à diretoria.

Quando, mais tarde, fui para a Carlson, foi a mesma coisa. A única experiência que eu tinha com a indústria hoteleira era ter ficado em hotéis e comido em restaurantes. Assim, orquestrei um processo no qual todas as unidades do negócio tinham que apresentar um plano de crescimento.

Talvez você lembre que eu não tinha experiência no setor de varejo quando assumi a Best Buy, e tínhamos oito semanas para apresentar um plano de reestruturação. Esse plano, como vimos no Capítulo 7, foi criado por meio de workshops que extraíam contribuições da equipe e eram validados por funcionários da Best Buy antes de serem apresentados à diretoria e aos investidores. Aquela pequena fábrica de baterias não tinha ideia de quão influente acabaria se mostrando.

No entanto, havia uma diferença crucial no caso da Best Buy: ideias e soluções vinham de todas as unidades, mas eu mesmo tomava muitas decisões, desde confirmar preços on-line até restabelecer o desconto para funcionários. Por quê? A casa estava pegando fogo. Quando enfim nos vimos longe da beira do abismo e concebemos nossa estratégia de crescimento, em 2016, passei a intervir bem menos na tomada de decisões.

Adotar métodos ágeis de trabalho

Em 2018, o diretor de informação digital e tecnologia da Best Buy, Brian Tilzer, levou a equipe executiva para visitar o centro de Minneapolis. Nosso destino era a sede do US Bank. Brian queria que conhecêssemos um novo modo de trabalhar. Após a Grande Recessão de 2008, o banco – como todos os outros grandes bancos nos Estados Unidos – teve que adotar uma gestão de riscos e *compliance* muito mais estrita em todas as suas operações, o que, naturalmente, contribuiu para tornar o ambiente mais rígido e menos inovador. Meu amigo Tim Welsh, que pouco antes se tornara vice-presidente de operações de varejo e pequenas empresas do US Bank, estava liderando um projeto para tornar o banco mais amigável ao consumidor. Em vez de ter departamentos isolados e decisões simplesmente repassadas pela cadeia corporativa, o US Bank criou equipes com pessoas de funções variadas, desde tecnologia e RH até marketing, jurídico e financeiro, e eram essas equipes que davam as cartas. Foi assim, por exemplo, que encontraram maneiras de aprovar empréstimos ou hipotecas para pequenos negócios muito mais depressa, apesar das exigências mais estritas de *compliance* impostas pela recessão.

Em suma, o US Bank se tornara ágil.

Muitas empresas estão constituindo pequenas equipes autônomas e multifuncionais que atuam em *sprints* para acelerar as decisões e os ajustes. Nessa visita, o que vimos bastou para convencer a equipe executiva da Best Buy a dar uma chance ao método. Começamos pelo e-commerce. Nosso ritmo mudou rapidamente: se antes fazíamos o upgrade do site algumas vezes por ano, passamos a realizar várias mudanças por semana, com base em dados (não na opinião do CEO) e em testes contínuos em tempo real.

Logo ampliamos a aplicação dos métodos ágeis para diversos projetos e processos, desde precificação e publicidade até ferramentas internas para funcionários. Isso foi uma das coisas que, em março de 2020, durante a epidemia de covid-19, ajudaram a Best Buy a mudar suas operações para entregas sem contato em apenas três dias, o que teria levado ao menos três trimestres pelo método tradicional.

Ajustar-se à aptidão e à vontade

Delegar decisões e fomentar a autonomia, embora seja crucial, nem sempre é apropriado.

Quando assumi a Best Buy, em 2012, o estacionamento da sede em Richfield parecia surpreendentemente vazio. Descobri que entre um quinto e um terço das pessoas que trabalhavam na sede não ia ao escritório. Em alguns departamentos, apenas metade dos funcionários estava presente nas reuniões. O pessoal de escritório tinha permissão para trabalhar de onde estivesse e no horário que quisesse, desde que entregasse os resultados esperados.

Em fevereiro de 2013, ainda no início da reestruturação, nossa equipe executiva debateu ferozmente se deveríamos manter esse esquema. Nossa diretora financeira, Sharon McCollam, era totalmente contra essa flexibilização, acreditando que prejudicava a produtividade. Outros não achavam que fosse relevante no momento. Tive que intervir para resolver o impasse.

Decidi acabar com o trabalho remoto, o que, como você deve imaginar, não foi uma decisão muito popular. Algumas pessoas, inclusive as que tinham projetado o sistema, me julgaram um dinossauro da gestão, mais interessado no horário de ponto do que em resultados. Recebi e-mails que mencionavam cenários envolvendo crianças doentes e pais idosos – embora ninguém jamais houvesse descartado licenças de saúde ou casos excepcionais. Por coincidência, a CEO da Yahoo, Marissa Mayer, também tinha acabado de descontinuar a política de trabalho remoto da empresa.

No mundo de hoje, depois que a covid-19 tornou necessárias novas modalidades de trabalho – inclusive na Best Buy –, essa decisão parece defasada, mas na época, sem as considerações de saúde pública de hoje, minhas motivações foram práticas e filosóficas.

Do ponto de vista prático, a Best Buy estava à beira da morte. Era uma situação de emergência, o que significava que precisávamos trabalhar juntos, agir depressa, manter a sincronia e fazer a informação fluir. Tudo isso exigia que tivéssemos as pessoas no mesmo lugar ao mesmo tempo. Um paciente morrendo será mais bem atendido por uma equipe médica 100% presente. Além disso, o trabalho remoto não é possível para todos, e ter regras diferentes para setores diferentes estava alimentando tensão e ressentimento. Funcionários de loja não tinham a opção de trabalhar de casa: tinham que estar lá e chegar na hora.

Além disso, o programa fora construído com base na ideia de que delegar responsabilidades é sempre correto, uma generalização que eu considerava fundamentalmente falha. Não existe um estilo de liderança universal, que funcione em todas as situações e com todas as pessoas. No meu primeiro treinamento em gestão na McKinsey, na década de 1980, eu tinha aprendido que a autonomia deve ser calibrada de acordo com as aptidões e as motivações – contextos específicos exigem táticas específicas.[5]

Delegar responsabilidades só funciona com pessoas que têm competência e motivação suficientes. Se você me pedir que construa um muro ou prepare um jantar com cinco pratos e deixar tudo por minha conta, vai se decepcionar com o resultado. E, mesmo que eu fosse um pedreiro com experiência, se não tivesse interesse em construir um muro, o resultado seria igualmente ruim.

Delegar responsabilidades e autonomia só aciona a mágica humana quando as pessoas são talentosas *e* estão motivadas. Quando eu era adolescente e tive aquele emprego de verão numa oficina (Capítulo 1), não estava motivado nem tinha jeito para o trabalho. Autonomia não teria me ajudado – nem seria útil à oficina.

A Blizzard Entertainment foi um exemplo da perfeita combinação de alta aptidão com muita vontade. O estúdio de videogames que era parte da Vivendi Games quando eu era o CEO liderava seu setor. Os desenvolvedores eram brilhantes e ávidos *gamers*. Eu não ousaria lhes dizer quais deveriam ser os novos jogos ou quando deveriam ser lançados: a Blizzard estava encarregada disso. A empresa saberia melhor do que ninguém.

Essa expertise, no entanto, não se estendia a marketing e distribuição. O sucesso de *Starcraft* nos Estados Unidos, por exemplo, não se repetiu quando o lançamos na Europa e na Ásia, porque os jogos eram pirateados assim que saíam na América do Norte, levando os grandes varejistas europeus a não se interessarem tanto pela distribuição do produto. O estúdio ficou frustrado com a equipe de vendas internacionais e vice-versa. Para resolver o problema, organizei um encontro em Londres com as duas equipes. O objetivo era fazer um diagnóstico acertado e levá-las a formular, juntas, soluções concretas.

O encontro levou à implementação de uma proteção contra cópias nos jogos e ao compromisso de orquestrar um lançamento mundial simultâneo do jogo que é o vice-campeão de vendas da Blizzard, *Diablo II*. Juntas, essas duas decisões limitaram a pirataria e deram o que falar entre o público. O jogo acabou fazendo um enorme sucesso, levando o *The New York Times* a traçar paralelos com a série de livros Harry Potter.[6] Eu tinha decidido liderar de acordo com o contexto: nesse caso, em que as paixões falavam alto, mas não a capacidade de resolver problemas, foi apropriado intervir organizando um encontro em que o problema em questão pudesse ser resolvido.

Em 2012, na Best Buy, o contexto também pedia uma atuação mais controladora. Embora muitas pessoas tenham contribuído para conceber o plano de reestruturação, no início várias decisões couberam a mim. Já em 2016, no contexto de uma empresa estável com planos de crescer, precisávamos de grandes ideias e de inovação e estávamos preparados para permitir uma maior autonomia, para tentar coisas novas. Lancei um sistema de "cartas de indulto" (cartas físicas mesmo, como as de jogos de tabuleiro, produzidas por nós) que as pessoas podiam usar quando as iniciativas que elas tinham proposto não iam bem. Era uma forma de dar a elas a oportunidade de inovar sem a pressão de ter que se sair bem sempre.

. . .

O propósito de uma empresa, alinhado às motivações individuais e somado a conexões humanas autênticas e autonomia, influencia quanto estamos dispostos a nos doar ao trabalho. Mas, para que a mágica humana aconteça, também é preciso que tenhamos oportunidades de nos tornarmos grandes naquilo que fazemos melhor. O que nos leva ao tópico do próximo capítulo: excelência.

Para refletir

- Como a autonomia influencia seu comprometimento?
- Como é determinada a estratégia na organização ou na equipe que você lidera?
- Como você faz para envolver outros no processo?
- Quais decisões cabem a você? Como você toma essas decisões?
- Qual nível de autonomia você dá à sua equipe? Como ela se manifesta?
- Você adapta seu estilo de liderança a cada situação? Como? Que critérios usa?

12

Quarto ingrediente: alcançar a excelência

Nosso objetivo nunca foi sermos invencíveis.

– Bob Ladouceur, treinador do Spartans, time de futebol
americano do Colégio De La Salle, na Califórnia

O Spartans, time do Colégio De La Salle, na cidade californiana de Concord, parecia ter alcançado a excelência no futebol americano colegial: o time se manteve invicto por 151 jogos seguidos – a mais longa série invicta na história do futebol americano em qualquer nível. Cento e cinquenta e um jogos! Isso é mágica humana produzindo desempenho sobrenatural.

Os jogadores do De La Salle não eram os melhores, tampouco o time era o mais rico. Eles não gastaram mais nem recrutaram talentos em outras cidades para alcançar essa incrível marca. Apenas seguiram um líder e treinador extraordinário, Bob Ladouceur, que, além de transmitir aos jogadores um propósito e um espírito de equipe inabaláveis, os motivava a buscarem ser sua melhor versão possível. "Ninguém aqui espera que vocês façam uma partida perfeita esta noite. Isso é impossível", dizia Ladouceur a seu time antes de um jogo. "Mas o que esperamos, e o que vocês devem esperar de si mesmos e uns dos outros, é um esforço perfeito."

Ladouceur treinou seu time para se esforçar para alcançar a excelência, isto é, por meio da instrução e da prática, tornar-se hábil em algo que dá alegria aos jogadores. Jean-Marie Descarpentries, que expressou sua filosofia de Pessoas → Negócios → Finanças, também gostava de dizer que, na opinião dele, o objetivo maior de uma empresa é simplesmente o crescimento e a realização de todos que lá trabalham.

No mínimo, o crescimento e a realização dos funcionários são essenciais ao desempenho, e o papel dos líderes é criar um ambiente que permita alcançar a excelência – como fez o treinador do Spartans. Ironicamente, o foco na excelência e no processo, não nos resultados, é o que leva com regularidade aos melhores resultados. A excelência é essencial ao desempenho porque se tornar muito bom naquilo que se faz melhor é gratificante e nos motiva como seres humanos. George Leonard, entusiasta e professor de aikido, alega que "o processo para alcançar a excelência de longo prazo e sem aplicação prática" é uma rota certa para o sucesso e a realização na vida.[1] Pessoas que escrevem verbetes na Wikipédia ou os programadores por trás do Linux e do Apache desenvolvem esses recursos durante seu tempo livre para que o mundo os use. Fazem isso sobretudo porque gostam de aplicar seus talentos.

A excelência também dá suporte a outros ingredientes da mágica humana: pessoas talentosas têm mais probabilidade, é claro, de mostrar um desempenho melhor e, desde que estejam motivadas, podem receber mais autonomia.

"Eu valorizo esforços", me disse certa vez um dos meus chefes na EDS, "mas gosto mesmo é de desempenho." É tentador liderar dessa forma. É fácil se concentrar em insuficiências e dizer apenas "Faça melhor", mas provavelmente não vai funcionar.

Para criar um ambiente propício ao desenvolvimento da excelência, é preciso:

- Priorizar esforços, não resultados;
- Desenvolver o indivíduo, não as massas;
- Orientar em vez de treinar;
- Rever as avaliações de desempenho e desenvolvimento;
- Tratar o aprendizado como uma jornada para todo a vida;
- Permitir falhas.

Priorizar esforços, não resultados

A realização que resulta da excelência advém do "esforço perfeito" de Bob Ladouceur, não do resultado das partidas. Advém de praticar com dedicação pensando na prática, não no resultado (quem é mestre em algo gosta de praticar). Assim, quando os jogadores do Spartans perderam o jogo 152, encerrando a série invicta, continuaram dando tudo de si, porque ainda visavam à excelência e ainda amavam jogar. Esse foco lhes permitiu reagir e continuar sendo um time excepcional, porque seu propósito nunca tinha sido não perder.

Em seu livro sobre o time, Neil Hayes reflete que "o De La Salle se destaca na competição porque todos, desde o treinador até o jogador menos talentoso, estão dispostos aos sacrifícios necessários para atingir seu melhor absoluto".[2]

Céticos talvez questionem como isso se traduz no mundo dos negócios. Excelência é ótimo, mas os resultados são a prioridade, certo? Não. Ter os lucros como propósito mina o mindset de excelência porque se volta para os resultados em vez de ver a realização e os "esforços perfeitos" como fins em si mesmos. Quando visitei a Índia, passei algum tempo estudando como os indianos consideram o trabalho em termos espirituais. Fiquei impressionado ao constatar que como nossa crítica ao lucro como propósito central de uma organização (Capítulo 4) ecoa no versículo 2.47 da *Gita*, a escritura hindu. O texto sugere que a obsessão por resultados nos torna menos eficientes – prejudicando o próprio resultado que tanto queremos – e leva a frustração e ressentimento quando nossas expectativas se realizam, já que nossas ações determinam apenas parcialmente os resultados.[3]

Não é fácil não se concentrar nos resultados. Não é algo natural para pessoas competitivas. No entanto, durante meus oito anos na Best Buy, percebi que se concentrar no processo – criando o melhor ambiente possível – é de fato o que traz os melhores resultados. É como jogar tênis: se você estiver obcecado em pontuar, provavelmente vai errar, pois estará tenso. Seu melhor jogo costuma acontecer quando você relaxa e se concentra na bola.

Gostar do processo e nos esforçarmos para dar o melhor de nós nos mantêm motivados e ainda mais aptos a longo prazo, o que leva a um desempenho irracional e duradouro.

Desenvolver o indivíduo, não as massas

Em 2014, em plena reestruturação Renew Blue, visitei as filiais da Best Buy em Denver, porque estava acontecendo algo especial por lá. No decorrer de um ano, a receita média por hora de cada vendedor na região tinha subido 14 dólares, um aumento de 10%, muito superior ao de qualquer outra unidade e sem que houvesse um movimento maior. Se conseguíssemos replicar esse quadro em todas as lojas, teríamos um acréscimo de 4 a 5 *bilhões* de dólares no faturamento.

O gerente regional, Chris Schmidt, era o mágico por trás dos assombrosos resultados de Denver. Chris achava que não fazia sentido a gestão de cima para baixo – pedir a todos que se concentrem nas mesmas coisas e abordem os clientes da mesma maneira, a despeito de suas aptidões individuais. Os dados de venda de cada vendedor estavam disponíveis, mas a maioria das lojas pouco os acessava. Chris tinha percebido que esses dados poderiam lhe informar em que pontos cada pessoa poderia melhorar. Ele se concentrou em duas métricas: receita por hora e mix de vendas. Se um vendedor estava atrás em receita por hora, talvez precisasse de dicas sobre como falar com os clientes ou se inteirar melhor dos produtos e serviços disponíveis. Por outro lado, vendedores com altas receitas por hora não precisavam de foco na conversão em vendas, mas talvez precisassem ampliar o conjunto de produtos ou soluções que estavam vendendo.

Até então, a Best Buy sempre tinha olhado a melhora da produtividade e do desempenho por distrito ou região, não por loja. Chris sentiu que isso era ineficaz. Então ele se concentrou na excelência de cada um, uma pessoa por vez. Felizmente para a Best Buy, ele mesmo decidiu testar isso em sua região. Na época da minha visita, os camisas azuis em Denver tinham reuniões individuais com seu gerente uma vez por semana. Juntos, eles avaliavam a semana anterior, decidiam o que melhorar na seguinte e estabeleciam uma meta. Também identificavam oportunidades de carreira a longo prazo.

Os vendedores estavam energizados. Gostavam de ser capazes de ver exatamente como cada um tinha contribuído para a loja, o distrito e a empresa, e como isso melhorava com o tempo. Adoravam o aprendizado altamente personalizado.

Fiquei abismado. Chris tinha ido além com a abrangente filosofia administrativa de Pessoas → Negócios → Finanças que eu adotara e revolucionou nosso modo de pensar sobre habilidades, desempenho e excelência. Replicamos essa abordagem nas lojas de todo o país e o impacto foi rápido. Todo mês fazíamos uma videoconferência com os responsáveis pelas unidades de melhor desempenho para que compartilhassem suas práticas. A nova abordagem fez surgirem talentos e amplificou a motivação. Foi uma das maiores mudanças que adotamos durante a reestruturação.

Orientar em vez de treinar

No final da década de 1980, eu fazia parte de uma equipe da McKinsey que ajudava a força de vendas da Honeywell Bull a melhorar seu desempenho. A empresa utilizava os típicos programas de treinamento que eram em grande medida inúteis. Depois de um mês sentada numa sala de aula ou ouvindo uma apresentação, a maioria das pessoas esquecia 80% do conteúdo que havia sido ensinado (um percentual assustador), a não ser que as ideias fossem praticadas no trabalho. A força de vendas da empresa – como todo mundo, aliás – aprenderia melhor atuando e repetindo essa atuação num contexto prático.

Orientar é exatamente isso, trabalhar aptidões práticas em situações da vida real. Reconhecendo que o treinamento tradicional não estava dando resultados, ajudamos a Honeywell Bull a mudar para aprendizagem pela ação e coaching. Equipes de vendas frequentavam workshops para aprender novos conceitos e imediatamente trabalhar em conjunto num caso real que era trazido para o programa. Gerentes distritais tinham sido treinados primeiro, assim podiam instruir suas equipes de vendas durante o workshop e, depois, no trabalho em si. A Honeywell Bull constatou uma melhora tangível em vendas e na margem de lucro.

Eu me lembrei dessa experiência quando vi a atuação inovadora de

Chris com feedback individualizado em Denver. Durante minha visita, fiz dupla com uma das gerentes para experimentar o tipo de encontro semanal individual que tinha energizado os vendedores de lá. Desempenhei o papel de um camisa azul do departamento de eletrodomésticos. Minha "gerente" Jordan e eu revimos primeiro meus "resultados" em volume de vendas e mix de vendas. Foi constatado que minha receita por hora ficara abaixo da média. Meus dados de vendas mostravam que eu estava abaixo da média em unidades por transação. Jordan e eu decidimos trabalhar nisso. Eu talvez precisasse me desenvolver também em outras áreas, mas Jordan sabia que seria difícil aprender várias coisas ao mesmo tempo, então nos concentramos nessa métrica e em como melhorá-la.

Encenamos uma situação hipotética, para que eu experimentasse como iniciar conversas com os clientes de um modo diferente. Jordan era a vendedora e eu era um cliente que ia à loja comprar uma máquina de lavar pois a minha havia quebrado. Depois de determinar qual seria a máquina mais adequada a minhas necessidades, Jordan perguntou quanto tempo havia durado a lavadora anterior.

– Uns 12 anos – respondi.

– O senhor comprou a secadora na mesma época? – perguntou ela.

– Sim.

– Para o senhor, é muito importante ter secadora e lavadora da mesma linha?

– Bem, eu gosto de ter uma lavanderia bacana.

– Certo. A questão é a seguinte: 12 anos é uma boa duração para produtos desse tipo. É provável que sua secadora também dê problema daqui a um ou dois anos. Os modelos tendem a mudar todo ano, então o senhor poderia não achar, futuramente, um modelo de secadora que combinasse com a lavadora. No momento temos secadoras em promoção quando compradas junto com uma lavadora. O senhor teria interesse em saber mais sobre isso?

E, simples assim, Jordan me mostrou de uma maneira muito prática como eu poderia melhorar a métrica na qual estava focado: unidades por transação. Eu procurava uma lavadora, mas ela fez com que eu considerasse comprar lavadora *e* secadora.

Os vendedores da Best Buy de toda Denver estavam recebendo essa orientação sob medida semanalmente, com verificações diárias para discutir como estavam se saindo. Meu coach executivo, Marshall Goldsmith, me dizia que o coaching é um esporte de contato: para funcionar, ele precisa ser frequente e prático, e esse era o tipo de orientação que vigorava em Denver.

Observe que, nessa abordagem, o gerente se torna um coach bastante apto. Acionar a mágica humana exige que os gerentes sejam mais do que meros gerentes. Para serem bons orientadores, ou bons coaches, os gerentes de Denver tiveram que dominar a arte de vender.

Isso me lembra uma piada de papagaio. Uma mulher entra numa loja de pássaros e vê um papagaio.

– Quanto custa este papagaio? – pergunta ela.

– Cem dólares – responde o dono da loja. – Este papagaio é especial: fala mais de 100 palavras, faz café e lê o jornal.

A cliente assente e vê outro papagaio, cujo preço é mil dólares. Esse, explica o dono da loja, é ainda mais especial: fala cinco línguas, prepara um café da manhã completo e dá coletivas de imprensa. Mas há um terceiro papagaio. Quando pergunta quanto custa esse, a cliente fica chocada ao ouvir que custa 10 mil. O que esse papagaio faz para justificar esse preço?

– Ninguém sabe – responde o dono da loja. – Mas os outros dois o chamam de chefe.

Rever as avaliações de desempenho e desenvolvimento

Quando entrei na EDS França, em 1996, a maioria do pessoal não estava recebendo nenhum feedback formal regular. Muitos membros da nossa equipe não tinham oportunidade de discutir como poderiam se sair melhor no que faziam, muito menos de receber orientação. Para pôr em ação a filosofia Pessoas → Negócios → Finanças, decidi que todos seriam submetidos a uma avaliação de desempenho anual e optei por avaliar os gerentes em parte pelo critério de quão bem eles avaliavam a própria equipe.

Com o passar dos anos, aprendi também que as discussões sobre desempenho são muito mais eficazes quando os líderes evitam a tradicional classificação de cima para baixo.

Primeiro: fazer a pessoa executar a maior parte do trabalho de avaliação e definição de metas pode ser muito mais produtivo do que deixar isso por conta do gestor. Quando me tornei CEO da Carlson, em 2008, já tinha passado por meu belo quinhão de típicas avaliações 360, notas e classificações, e constatado que eram sem sentido. Uma vez por ano, gerentes se sentavam com seus subordinados diretos, tentando arduamente – e em geral fracassando – repassar em sua mente um ano inteiro, dizendo a eles quão bem tinham ou não se saído em relação a uma lista de critérios predefinidos. Colegas e subordinados contribuíam com sua opinião. Aumentos de salário eram vinculados ao resultado dessas reuniões anuais. O fato de haver consequências financeiras arruinava o debate.

Ainda hoje me lembro de uma longa discussão com um de meus subordinados: ele estava convencido de que merecia a nota máxima, 5, enquanto eu achava que um 3 era mais adequado. Quase brigamos por causa desses números, o que, em retrospecto, foi ridículo. Apenas 14% dos funcionários acham que a revisão de seu desempenho os inspira a melhorar, de acordo com o Gallup. Na verdade, avaliações de desempenho tradicionais funcionam tão mal que em cerca de um terço dos casos prejudicam o desempenho.[4] Dificilmente esse é um bom modo de acionar a mágica humana.

Na Best Buy, eu já não dava notas nem avaliava meus subordinados. Quem pode dizer se você merece um 3 ou um 5? Quem lhe garante que seu supervisor é capaz de avaliar você corretamente e lhe dar uma nota precisa? Em vez disso, eu incentivava os funcionários a fazer uma autoavaliação, com base no feedback de seus colegas, usar essa avaliação para desenvolver seus planos de crescimento e depois compartilhar tudo isso comigo. Descobri que, em geral, eles eram excelentes na avaliação do próprio desempenho. Eu me assegurava de que concordássemos quanto às prioridades e lhes perguntava se podia ajudá-los a alcançar seus objetivos de desenvolvimento. Isso é muito mais motivador do que o método tradicional.

Segundo: a gestão de desempenho deve ter como objetivo o desenvolvimento em si, não uma classificação. A General Electric classificava seus funcionários anualmente e todo ano demitia os 10% "piores". No entanto, classificações costumam se basear em critérios elevados demais e juízo subjetivo, o que é um problema, além de colocarem as pessoas umas contra as outras.

Sem falar que, por melhores que os indivíduos sejam naquilo que fazem, sempre haverá os 10% "inferiores", e dispensá-los desse modo arbitrário pode levar à perda de talentos.

Compare essa prática à do regente Benjamin Zander e da terapeuta Rosamund Stone Zander, de "atribuir nota A". Ben Zander dava aulas no Conservatório da Nova Inglaterra quando observou que a ansiedade com as notas trava muitos estudantes. Por medo de se saírem mal nas provas, eles relutavam em correr riscos, o que minava o desenvolvimento da verdadeira excelência. Assim, Zander decidiu que no mês de setembro, na primeira aula do curso de interpretação musical, anunciaria antecipadamente que todo aluno tiraria nota A no curso. Só havia uma condição: dali a duas semanas, cada um deveria escrever uma carta datada de maio do ano seguinte (mês de encerramento do curso) explicando em detalhes o que tinha acontecido durante aqueles meses que justificasse aquela nota extraordinária. Os alunos tinham que se projetar no futuro e olhar em retrospecto o que realizaram e aprenderam, descrevendo a pessoa que haviam se tornado. Livres de julgamento, os estudantes tinham um mundo de possibilidades. A prática de dar um A antecipadamente potencializou a energia e o ímpeto dos alunos. Eles se imaginavam superando tudo que pudesse se pôr em seu caminho – e faziam isso. Dar nota A não quer dizer ignorar exigências, competência e realização, e sim alinhar aluno e professor – ou gerente e funcionário – num propósito comum: o empenho para atingir a excelência.[5]

"É impossível gerenciar o comportamento das pessoas, assim como é impossível gerenciar seu desempenho", diz Kamy Scarlett, diretora de recursos humanos da Best Buy. Em vez disso, explica ela, líderes dão suporte ao potencial das pessoas. Em outubro de 2019, a Best Buy anunciou que substituiria as avaliações anuais de cima para baixo e as pesquisas de engajamento por conversas trimestrais, lideradas por funcionários, sobre seus objetivos, seu progresso e seu desenvolvimento.

Terceiro: o desenvolvimento do desempenho deve buscar aprimorar forças mais do que tratar de problemas. Gerentes que realizam as tradicionais avaliações de desempenho costumam destacar três pontos que andaram bem e três oportunidades de melhora, com base numa lista previamente preparada de atributos necessários à função. Com o tempo, adotei a ideia de desenvolver os meios individuais que alimentam os talentos únicos de cada pessoa para que ela se torne ainda melhor – o que os escritores Marcus Buckingham e Ashley Goodall chamam de "pessoas cheias de arestas".[6] Não precisamos ser bons em tudo, o que não só é irreal como abafa nosso brilho e nosso ímpeto interior. É quando nos unimos em toda a nossa diversidade de talentos e naquilo que nos dá a maior alegria que atingimos o melhor desempenho possível. A excelência não vem de melhorar suas "fraquezas", mas de aprimorar e alavancar sua combinação única de forças. É uma ação para estabelecer equilíbrio, mas o foco na construção de forças pode levar a um resultado melhor.

Tratar o aprendizado como uma jornada para toda a vida

Como já relatei, houve um tempo em que eu olhava com desconfiança para os coaches executivos. Acreditava que treinamento era para iniciantes e que o processo de coaching era corretivo. Na McKinsey, havia muito treinamento disponível para escalões inferiores, mas nenhum programa de desenvolvimento para sócios. Treinamento para CEOs tampouco estava em questão.

Quando a diretora de Recursos Humanos da Carlson sugeriu pela primeira vez que eu considerasse trabalhar com um coach, ela explicou que Marshall Goldsmith estava conseguindo ajudar diversos CEOs a se tornarem melhores no que faziam. Vendo sob essa luz, eu topei. Quem não quer melhorar naquilo que ama fazer? O "mindset de crescimento" da psicóloga e professora Carol Dweck torna o aprendizado e o aprimoramento um propósito para toda a vida.

Aprendi a pensar na excelência como um crescimento vitalício. Os melhores atletas do mundo trabalham com coaches. Rafael Nadal e Roger Federer não demitiram seus coaches quando se tornaram campeões de tênis. Por meio do coaching consegui me tornar melhor naquilo que amo fazer. Aprendi a valorizar e usar feedbacks. Aprendi a ajudar pessoas a fazer seu trabalho em vez de apresentar respostas para os problemas. Aprendi a me tornar um líder mais focado em pessoas do que em números. Aprendi que minha principal tarefa como CEO era criar e orientar uma organização humana com um propósito e alimentada pela mágica humana. Aprendi que nunca vou parar de aprender e de continuar a me esforçar para ser melhor no que faço.

O caminho para a excelência não tem um destino final. É uma jornada contínua.

Permitir falhas

A literatura sobre gestão está repleta de observações sobre como o fracasso é importante. Por isso, em vez de repetir essa ideia geral, quero acrescentar algum colorido e especificidade pessoais.

Em 2013, a temporada de grandes festas na Best Buy foi um ponto baixo em nossa reestruturação. Não atingimos nossas metas e as vendas nas lojas foram menores que no ano anterior. O valor da ação, que tinha quase quadruplicado em relação ao ano anterior, indo de 11 para 42 dólares, caiu imediatamente 30%.

Tínhamos uma escolha: encontrar desculpas e apontar culpados ou aprender e seguir em frente. Como queríamos reagir?

Antes de fazer qualquer anúncio público ao mercado, reuni os 100 líderes seniores. Peguei emprestadas algumas falas de meus filmes favoritos para transmitir minha ideia. "Por que caímos, Bruce?", pergunta o pai do garoto que mais tarde se tornaria o Batman no filme de 2005 *Batman begins*. "É para podermos aprender a nos reerguer." Durante o encontro, também exibi a cena de *Um domingo qualquer* em que Al Pacino profere um discurso clássico e inspirado para seu time de futebol americano durante o intervalo, após um primeiro tempo em que foram massacrados. "Estamos no inferno agora mesmo", diz ele aos jogadores, "e podemos continuar aqui e deixar que eles acabem com a gente ou podemos lutar e abrir caminho para a luz. Podemos subir e sair do inferno. Um pequeno passo de cada vez."

Depois, pedi que cada um escrevesse o que poderia ter feito de modo diferente e me incluí. Compartilhamos entre nós o que escrevemos, não como uma caça às bruxas, mas na tentativa de compreender o que tinha dado errado e como poderíamos melhorar. Descobrimos, por exemplo, que, quando ficou claro que a temporada não estava indo bem, a mudança que fizemos na hora de abrir as lojas e a introdução de promoções de última hora pouco antes do Natal só tinham criado confusão.

Segundo Jeff Bezos, existem dois tipos de fracasso. O primeiro é se sair mal na execução de algo em áreas de expertise bem estabelecida – para a Amazon, isso poderia ser a abertura de um novo depósito, por exemplo. Deveria haver pouca tolerância para falhas relacionadas ao cerne do negócio. Já o segundo tipo acontece quando se exploram novas ideias e novas maneiras de fazer as coisas, o que é essencial para a inovação. Falhas, aqui, devem ser esperadas e aceitas.

Lideranças podem estimular o segundo tipo de fracasso declarando explicitamente que ele é seguro. Esse era o sentido das cartas que distribuí aos líderes seniores da Best Buy: incentivar a experimentação. O segredo é proteger o que está em desvantagem e fazer apostas calculadas e reversíveis. Essa foi a abordagem que nosso escritório de crescimento estratégico adotou em iniciativas como os consultores em domicílio: venha com novas ideias, projete pilotos, teste-os e depois os engavete ou os amplie. Na verdade, o primeiro piloto para consultores em domicílio fracassou e tivemos que voltar para a prancheta e tentar novamente. Da mesma forma, quando decidimos equiparar os preços das lojas físicas aos do site, no início de nossa reestruturação, foi a princípio um experimento que poderíamos cancelar se não desse resultado. Muitos planos-piloto não deram certo e acabamos engavetando ideias como a de prover acesso em banda larga a prédios residenciais ou oferecer produtos sob medida para cômodos específicos da casa. Sem essas experiências ruins, não teríamos desenvolvido as boas.

...

Conectar propostas individuais com as da empresa, alimentar conexões humanas autênticas, estimular a autonomia, fomentar a excelência – tudo isso contribui para criar um ambiente no qual todo indivíduo quer dar o melhor de si, o que, no contexto de uma estratégia adequada, leva a resultados extraordinários.

Outra coisa: pense em contração ou estagnação. Isso o deixa inspirado? A mim tampouco. Poucas pessoas, se é que alguém, se inspiram com isso. O que nos leva, no próximo capítulo, ao quinto ingrediente da mágica humana: crescimento.

Para refletir

- Pense em algo que você gosta de fazer. Em que você tende a se concentrar mais: esforço ou resultado?
- Você acha que sua situação na empresa é compatível com seu nível de desenvolvimento profissional? E quão individualizado é o desenvolvimento de seus subordinados imediatos?
- Quão prevalente é o coaching em sua empresa?
- De que modo você avalia o desempenho de seus subordinados imediatos?
- Como o seu desempenho é avaliado? Por quem? Você acha esse método motivador?
- O que você acha que está fazendo bem? E em que gostaria de se sair melhor profissionalmente? Qual é seu plano para melhorar?
- Qual foi seu maior fracasso? Foi relacionado com uma atividade essencial ou com um experimento inovador? O que aprendeu com isso?

13

Quinto ingrediente: o vento às suas costas

Crescimento é a única evidência de vida.
– Cardeal John Henry Newman

Ao considerar a ideia não tão maluca de Jim Citrin de me tornar CEO da Best Buy, ouvi meia dúzia de teleconferências sobre os ganhos da empresa e encontros com acionistas. Todas tinham o mesmo tema recorrente: os problemas da Best Buy se deviam a "ventos contrários". A Best Buy, segundo essa narrativa, estava se saindo bem em categorias essenciais. Mas pobres de nós! O ambiente de mercado para os eletrônicos de consumo era um problema. Assim foi a mudança para compras on-line e o fato de a Amazon não estar recolhendo impostos sobre as vendas. As lojas da Apple se somaram aos ventos contrários. Preços de produtos-chave estavam baixando. O iPhone estava tornando câmeras, gravadores de voz e *music players* desnecessários.

A Best Buy parecia vítima de uma perfeita tempestade de circunstâncias – nem os melhores marinheiros conseguem superar esses ventos de proa. Mas como isso era possível? Todos os meus empregos anteriores tinham sido em indústrias em que TI e eletrônicos desempenhavam um papel positivo. E Amazon, Apple, Samsung e similares estavam indo muito bem.

Em uma de minhas primeiras falas à Best Buy, pedi aos principais líderes que imaginassem como seria a conversa se eu fosse falar com o CEO da Apple, Tim Cook, e o da Amazon, Jeff Bezos.

– Como está o vento onde vocês estão velejando? – eu perguntaria.

– O vento está ótimo! Perfeito para velejar. Estamos nos divertindo muito – responderiam os dois.

Então o problema não era o vento. E, se o problema não era o vento, então provavelmente *nós* éramos o problema. Poderíamos continuar inventando as melhores desculpas e esperar pelo improvável dia em que as coisas melhorariam. Ou poderíamos mudar de rumo.

Primeiro tínhamos que nos reestruturar, o que exigia algumas reduções. Há momentos em que é necessário encolher – como Michelangelo desbastando o bloco de mármore para remover tudo que não fazia parte de sua estátua. Durante a reestruturação da Best Buy, decidimos sair dos mercados europeu e chinês. Consolidamos duas marcas no Canadá sob a bandeira da Best Buy.

Terminada a reestruturação, estávamos diante de uma escolha: deveria a Best Buy se manter menor, porém se tornar mais lucrativa? Ou a redução teria sido uma mudança tática para alcançar novos horizontes estratégicos e voltar a crescer?

Para mim, tanto naquela época como agora, crescimento é um imperativo. Ele cria espaço para promover oportunidades, melhorar a produtividade sem perda de empregos, assumir riscos e investir. O crescimento do negócio fomenta crescimento e motivação individuais, o que, por sua vez, retroalimenta a inovação e a expansão do negócio.

Assim, o crescimento é o quinto e último ingrediente para acionar a mágica humana. É difícil se sentir energizado, criativo e disposto a assumir riscos em contextos de estagnação, contração, medo, incerteza ou dúvida. Enxergar infindáveis possibilidades – tanto para si mesmo quanto para um negócio em busca de um propósito nobre – alimenta o ímpeto interior, a energia positiva e o desejo de trazer à tona a melhor versão de si mesmo.

Se você estiver enfrentando "ventos contrários" e opressão em seu mercado atual, deve mudar de rumo. Para isso, é preciso:

- Pensar em possibilidades;

- Transformar desafios em vantagens;
- Manter o propósito à frente e no centro.

Pensar em possibilidades

Em 2017, estávamos elaborando nossa estratégia e preparando nossa próxima apresentação aos investidores quando Asheesh Saksena, que tinha assumido a unidade de crescimento estratégico de Corie Barry depois que ela se tornou diretora financeira, propôs que redefiníssemos o que considerávamos nosso mercado. Até então, a Best Buy definia esse mercado de maneira estrita: vendas a varejo dos equipamentos físicos ofertados em nossas lojas. Assim, a venda de DVDs, por exemplo, era parte do nosso mercado, mas *streaming* de vídeos, não. Em sua apresentação à equipe executiva, Asheesh ampliou as fronteiras, passando a considerar o gasto total em tecnologia de consumo, inclusive serviços de subscrição, para cada uma das necessidades humanas que, conforme tínhamos decidido, a Best Buy contemplaria.

Por esse ângulo, nosso mercado não mais seria definido por aquilo que a Best Buy já vinha fazendo, e sim pelo que poderia fazer. De um universo de cerca de 250 bilhões de dólares, estávamos olhando agora para um mercado de mais de 1 trilhão. Essa visão abria um mundo de possibilidades.

Mas quando ele mostrou isso pela primeira vez, os suspiros na sala foram quase audíveis. A equipe ficou nervosa, preocupada com a ideia de arriscarmos nossa credibilidade até sabermos com certeza se seríamos capazes de atuar nessas novas áreas e capturar uma parte desses mercados novos para nós.

A ideia de Asheesh era chocante para muitos porque não estava ligada à participação de mercado, métrica mais comumente usada para definir estratégia e sucesso. Contudo, assim como no caso de uma torta, concentrar-se em abocanhar uma fatia maior de um mercado existente é um pensamento estreito e, no fim das contas, contraproducente. Sua parte só cresce quando outra encolhe. Empresas que buscam ser "a melhor" ou a "número um" estão jogando um jogo limitado de soma zero – e provavelmente estarão um dia no lado perdedor.

Para Asheesh, os ventos contrários tinham a ver com o fato de o hardware vendido nas lojas estar quase fora de nosso controle. Por que não expandir nosso campo de visão para redefinir nosso mercado e acessar uma demanda latente de crescimento? – o que os autores Chan Kim e Renée Mauborgne chamam de estratégia do Oceano Azul.[1] Uma vez tendo adotado essa visão expansiva de mercados e setores econômicos, todo mundo pode crescer. É uma perspectiva muito mais positiva. Em vez de ficarem obcecadas em esmagar a concorrência, as empresas buscam ser as melhores versões de si mesmas, guiadas por seu propósito único e seus ativos únicos.

O CEO da Microsoft, Satya Nadella, encarna essa mentalidade. Todo ano a Microsoft organiza um encontro de cúpula com cerca de 200 CEOs das maiores empresas americanas, de JP Morgan a Berkshire Hathaway. Quando compareci a essa conferência antes de Satya se tornar CEO, a única tecnologia à vista era a da própria Microsoft. Os demos de software da empresa estariam sempre no hardware deles, até mesmo smartphones – área em que a estrela da Microsoft não brilhava. Ao centrar esforços para que seus produtos funcionassem bem apenas quando interagissem uns com os outros, o que sugeria que eles só deveriam operar juntos, a Microsoft estreitava suas perspectivas.

Quando compareci à cúpula de 2014, Satya, que se tornara o CEO poucos meses antes, demonstrou o novo software da Microsoft em iPhones, da Apple. Subitamente, os horizontes da empresa se expandiram para os universos do iOS e do Android, muito mais amplos do que a participação de mercado dos celulares da Microsoft. Esse espírito tem o poder de transformar pessoas e, consequentemente, empresas. Não surpreende que, sob a liderança de Satya, a cultura da Microsoft tenha se tornado mais aberta, a velocidade de execução tenha aumentado muito e o valor da ação tenha disparado.

Asheesh Saksena tinha razão ao sugerir que estendêssemos a definição de mercado da Best Buy para focar no que era possível, mas adotar essa mentalidade não é fácil. Aquelas pessoas tinham acabado de passar por uma reestruturação, durante a qual não podiam errar e havia pouco apetite para riscos. A reação delas foi dura: redefinir nosso mercado trazia riscos de prometer muito e não cumprir. Mas precisávamos assumir riscos para migrar da sobrevivência para o crescimento. Quando nos apresentamos a nossos investidores naquele ano, adotamos a nova visão de mercado de Asheesh. Tínhamos que mudar o modo de estabelecer objetivos e planejar.

Numa reestruturação, você traça um plano que tem quase certeza de que vai cumprir. Sharon McCollam, nossa diretora financeira naqueles anos difíceis, era mestre nessa abordagem. Graças a ela, não erramos em metas financeiras, o que lhe valeu o imenso respeito e a credibilidade dos observadores do mercado que monitoravam cada movimento nosso.

Para crescer, o tipo de planejamento é outro. O exemplo que me ocorre é o de Kurt Ritter, que liderou o grupo hoteleiro Rezidor quando eu era CEO da Carlson. Kurt mobilizou sua equipe em torno de BHAGs – *big hairy audacious goals*, ou objetivos grandes, cabeludos e audaciosos – que capturam a imaginação apesar de ninguém saber como chegar lá.[2] O BHAG de Kurt acrescentaria um número de tirar o fôlego de quartos de hotel ao portfólio da empresa, e a Rezidor foi de fato uma das companhias hoteleiras de mais rápido crescimento no mundo.

Fomentar um mindset de expansão e um senso de possibilidades ano após ano requer alcançar o equilíbrio correto entre essas duas abordagens. Para inspirar ímpeto e motivação, os objetivos devem ser ambiciosos. Por outro lado, excessos irrealistas podem desmoralizar a iniciativa e alimentar o ceticismo. Errar sistematicamente os alvos prejudica a credibilidade da equipe gestora junto aos investidores e funcionários, que ficam cansados de não atingir aquilo a que se propunham e, em um nível mais prosaico, de não ganhar bônus.

O lançamento do programa de consultor em domicílio da Best Buy impactou esse equilíbrio. Foi um salto audacioso nos serviços, mas que altura pode ter um salto? Poderíamos adotar uma abordagem restrita, começando pelo número de lojas que tínhamos, supondo quantos consultores teríamos por loja e ampliando a partir daí. Nesse cenário, nosso plano seria de algumas centenas de consultores.

A alternativa seria esquecer quantas lojas tínhamos e começar com o número de moradias existentes. A partir daí, estimaríamos a proporção delas que poderia usar certa tecnologia e os serviços de um consultor da Best Buy e, por fim, imaginaríamos quantas casas um único consultor poderia atender. Ao adotar essa perspectiva, o número de consultores em domicílio poderia chegar facilmente a algo entre 5 mil e 10 mil. O número em si, no entanto, é menos importante do que a perspectiva que ele representa. Eu não sugeri que deveríamos começar imediatamente a recrutar, treinar e disponibilizar milhares de consultores. Levaria tempo até lançarmos com sucesso nosso novo programa. É uma questão de equilíbrio. Para embarcar nessa jornada, o segredo é sonhar grande e começar pequeno.

Com o tempo, nos tornamos melhores em identificar e alavancar nossas possibilidades. Reunir uma equipe de executivos que abraçava esse ponto de vista e essa visão, somado a reforços operacionais, como uma unidade de crescimento estratégico para realizar essa visão, tornou possível a mudança. Em 2019, a nova CEO da Best Buy, Corie Barry, desenhou a estratégia de crescimento da empresa com metas ampliadas para pessoas, negócios e finanças a serem atingidas em 2025. O mindset de reestruturação tinha dado lugar a uma percepção ampliada de possibilidades e crescimento.

Transformar desafios em vantagens

Em 1805, Napoleão e seu formidável exército estavam acampados no norte da França, prontos para atacar a Inglaterra. Em 21 de outubro, no entanto, a Marinha britânica teve uma vitória esmagadora em Trafalgar sobre a força naval combinada da França e da Espanha. Foi um revés sério para Napoleão: sem o controle do Canal da Mancha, sua planejada invasão da Inglaterra seria impossível.

Napoleão transformou o desafio em oportunidade. Ele mandou suas tropas seguirem para o leste, cobrindo cerca de 1.300 quilômetros em menos de seis semanas. Depois, esmagou as forças imperiais austríacas e russas em Austerlitz, numa manobra que até hoje é considerada uma das maiores ações militares de todos os tempos. O general e estrategista militar prussiano Carl von Clausewitz atribuiu o sucesso militar de Napoleão, mais do que a sua rapidez de ação, a seu *coupe d'oeil*, ou vislumbre – a capacidade de ver o quadro geral em termos simples e claros e, assim, detectar oportunidades além dos aparentes desafios ou limitações.

A capacidade de ver o que é possível em termos simples e de mobilizar pessoas em torno disso é ainda mais essencial quando se enfrentam desafios imediatos. Para a maioria das pessoas, o que dificulta isso são os ventos contrários com força de vendaval, que às vezes são extremamente desanimadores, assustadores e paralisantes. Mas é nessas situações que os líderes precisam mobilizar e energizar equipes, abrindo caminho em torno desses obstáculos e abraçando a oportunidade de superar a adversidade.

Quando me tornei CEO da Best Buy, muitos me perguntaram por que raios eu tinha aceitado um trabalho que era visto como causa perdida. A verdade é que gosto de desafios. Eles me dão energia. Parte dessa energia vem da satisfação e da adrenalina de construir e mobilizar uma equipe em torno de um objetivo comum e de resolver um quebra-cabeça. Para mim, é uma oportunidade de realizar meu propósito, que é fazer uma diferença positiva para as pessoas à minha volta e usar a plataforma que tenho para fazer uma diferença positiva no mundo.

Esse é o tipo de energia que senti quando estava na EDS França, na Vivendi Games, na Carlson Wagonlit Travel e no grupo Carlson. Quando comecei na EDS, a empresa, cujos negócios nos Estados Unidos consistiam em garantir mega-acordos de longo prazo de terceirização, estava em dificuldades na França, onde esses mega-acordos não eram favoráveis, e perdia receitas rapidamente. Encontrar, junto de nossa equipe, um modo de fazer sucesso no mercado francês e mobilizar todos em torno disso foi imensamente energizante. Ajudar a Vivendi Games a resolver seus desafios – e sua divisão-chave, a Blizzard Entertainment, a ter sucesso internacional – também foi empolgante, bem como revitalizar a Carlson Wagonlit Travel numa época em que a reserva de viagens pela internet supostamente destruiria o negócio.

A pandemia de covid-19 que varreu o mundo em 2020 criou desafios significativos, ameaçando a sobrevivência de muitas empresas, mas as graves restrições por conta de saúde e segurança também trouxeram novas possibilidades. Ser obrigado a repensar processos, produtos e serviços levou a novas maneiras de acessar demandas inexploradas e deslanchar novo crescimento.

Antes da crise causada pela covid-19, a Adobe, por exemplo, grande empresa de criatividade digital, realizava uma conferência anual em Las Vegas para 15 mil participantes. Em 2020, eles não poderiam se reunir fisicamente devido ao distanciamento social e às preocupações com a segurança, então realizaram a conferência virtualmente. Foram *80 mil* participantes, já que não houve as restrições de ter que viajar e encontrar uma instalação capaz de receber um público tão grande.

Pense também na Ralph Lauren. Na esquina da Madison Avenue com a rua 72, em Nova York, fica "a Mansão", a loja conceito da Ralph Lauren. Nova-iorquinos e turistas gostam de visitar esse templo revestido de madeira para conhecer o que seu fundador considera ser um estilo atemporal. Durante a pandemia de covid-19, a empresa logo fechou suas lojas para proteger funcionários e clientes. Assim que as portas físicas da Mansão se fecharam, portas virtuais se abriram. Os clientes ainda podiam visitar o local por meio de chamadas de vídeo com os vendedores. Na verdade, isso expandiu a base de clientes, que já não precisavam estar fisicamente perto de uma loja para visitá-la. Agora, considerando uma instituição educacional, pense como o aprendizado remoto pode alcançar uma população muito maior, ou como se torna muito mais fácil receber palestrantes extraordinários em uma sala de aula virtual.

Além de expandir o alcance, a pandemia de covid-19 também criou oportunidades para transformar a experiência do consumidor. Em abril de 2020, a Best Buy decidiu reabrir algumas de suas lojas (que tinham sido fechadas em março) para atendimentos individuais agendados previamente. Essa solução contemplava as exigências de segurança, ao evitar aglomerações, e ainda permitia uma experiência de contato mais próximo com os clientes. Paralelamente, levou a uma taxa mais elevada de fechamento de vendas: os compradores que marcavam um horário estavam buscando mais ativamente uma solução e dispostos a pagar por ela, não apenas olhar e sair.

Nessa mesma linha, a pandemia de covid-19 e as preocupações a ela associadas deram à telemedicina um impulso há muito esperado, facilitado pelo progresso tecnológico. A telemedicina permite aos profissionais, desde que sob certas condições, atender seus pacientes no conforto de sua casa. Assim os pacientes não precisam ir até um hospital ou consultório quando o que menos desejam é se deslocar.

Manter o propósito à frente e no centro

Como discutido no Capítulo 5, expressar o propósito nobre da sua empresa é um imperativo estratégico. Igualmente importante, o propósito também ajuda a criar um mindset expansivo e a perceber possibilidades, sobretudo em tempos difíceis. Quando a Best Buy se via como uma rede de lojas vendendo eletrônicos de consumo, o mundo estava cheio de ventos contrários. Quando ela definiu que seu propósito era enriquecer a vida dos clientes por meio da tecnologia, no entanto, a mudança inspirou seus funcionários a enxergar novos mercados que poderiam fazer uma diferença significativa e duradoura na vida das pessoas. Foi a isso que me referi quando disse aos investidores, em 2017, que a Best Buy não estava no ramo de commodities, mas no da felicidade. A formulação do propósito da empresa abriu uma nova oportunidade de passar no teste das mudanças no tempo e no clima nos negócios, no mercado e na tecnologia. O propósito é a linha do horizonte que nunca se atinge. Daqui a 20 ou 30 anos, a tecnologia ainda vai oferecer oportunidades para enriquecer a vida das pessoas, não importando se haverá lojas holográficas ou drones entregando produtos.

Crises como a da pandemia de covid-19 nos obrigam a pensar em propósito para expandirmos nossa perspectiva. O Instituto de Arte de Minneapolis fechou as portas durante o auge da crise, mas o cumprimento de sua missão – "Inspirar admiração pelo poder da arte" – não estava confinado às quatro paredes do museu. Impulsionados pelo propósito do museu, os funcionários lançaram uma série de atividades que permitiam a qualquer pessoa com acesso à internet explorar a coleção a partir de sua casa, ouvir podcasts e assistir a eventos virtuais. O museu foi, portanto, capaz de inspirar a admiração de uma audiência muito mais ampla, livre das restrições de proximidade e acesso físico.

Restaurantes que desenvolveram um serviço de entregas, ou mesmo um novo negócio baseado em entregar ingredientes que permitiam ao cliente recriar suas receitas preferidas em casa, ilustram a mesma ideia. O foco num propósito mais amplo permitiu que alcançassem uma população que excede a capacidade física do restaurante.

. . .

Numa popular revista em quadrinhos cujos personagens principais se chamam Asterix e Obelix, uma pequena aldeia na Bretanha consegue algo aparentemente impossível no ano 50 a.C.: resiste ao poderoso Império Romano, o qual, tendo subjugado o resto da Gália, fracassa todas as vezes que tenta invadir a aldeia. A arma da aldeia é uma poção secreta dos druidas que dá a quem a toma uma força sobre-humana.

Um desempenho que desafia todas as expectativas não se limita às histórias em quadrinhos. Pode acontecer nos negócios também. Assim como no caso de Asterix, exige mágica humana. Ao contrário de Asterix, no entanto, a poção que produz esses resultados nos negócios não é secreta. Ela usa cinco ingredientes, que foram apresentados na Parte 3.

Uma nova perspectiva sobre o trabalho, discutida na Parte 1, a arquitetura de uma organização humana com um propósito, apresentada na Parte 2, e os ingredientes para a mágica humana, da Parte 3 – tudo isso, no entanto, não basta para uma refundação dos negócios. É preciso mais uma coisa: um novo tipo de líder.

Para refletir

- Você está operando num mundo de possibilidades ou de restrições?
- Como você define seus objetivos e os de sua organização? Seu objetivo principal é ser o número um ou ser o melhor possível?
- Você é capaz de redefinir as possibilidades para si mesmo e para sua organização?
- Como os desafios tendem a afetar você? Eles drenam ou potencializam sua energia?
- Como você conecta sua estratégia de crescimento com seu propósito?

PARTE 4

UMA LIDERANÇA COM PROPÓSITO

A visão de negócio apresentada neste livro baseia-se em uma perspectiva diferente do trabalho (Parte 1), um olhar alternativo do papel e da natureza das empresas (Parte 2) e uma análise do ambiente necessário para se alcançar um desempenho sobrenatural (Parte 3). Para unir todos esses elementos, precisamos mudar as visões tradicionais de liderança. É disso que trata esta parte. O modelo do líder como um super-herói inteligente e poderoso está desatualizado. Os líderes de hoje precisam ser imbuídos de propósito, esclarecidos quanto a quem servem, conscientes de seu verdadeiro papel, movidos por valores e autênticos – os cinco "Seja" do líder com propósito.

14

Nossa forma de liderar faz diferença

Você escolheu sensatamente.
— O cavaleiro do Graal, em *Indiana Jones e a última cruzada*

Em 2000, quando eu liderava a divisão de videogames da Vivendi, a matriz adquiriu a Universal, um gigante da mídia. Enviei um e-mail a meu chefe para convencê-lo de que eu deveria ser parte da equipe que lideraria a fusão das companhias. Eu havia trabalhado em gestão de pós-fusão na McKinsey, argumentei, e tinha as competências necessárias. Funcionou. Fui selecionado para liderar o esforço de "extrair sinergias" da fusão, nos Estados Unidos. Deveria me reportar diretamente ao CEO da Vivendi, em Paris. Minha nomeação foi anunciada num release de imprensa após uma reunião da diretoria. Eu estava muito entusiasmado.

Eu sentia que minha nova função cumpriria um propósito nobre ou que nela eu faria uma diferença positiva no mundo? Para ser sincero, essas questões não me vieram à mente. Devo confessar que me ofereci por uma questão de ambição pessoal. Estava feliz porque sentia que minha nova tarefa me deixaria um degrau mais perto do topo.

Mas a empolgação durou pouco. Não havia muitas sinergias a extrair. O negócio da Universal – que incluía música, um estúdio de cinema e parques temáticos –, na maior parte baseado nos Estados Unidos, não coincidia muito com os principais negócios da Vivendi, que eram telefonia móvel e serviços de TV por assinatura, a maioria com sede na França. Ao permitir que meu ego guiasse minhas decisões, fui parar num trabalho que era prestigioso e, ao mesmo tempo, totalmente sem sentido. No fim das contas, obtive pouca alegria em todo o processo. Eu me arrastava de reunião em reunião, incentivando e monitorando atividades inúteis. Por sorte, durou apenas 18 meses. Em 2002, a farra de aquisições da Vivendi tinha rendido muitas dívidas à empresa, o que gerou uma crise. Então passei a fazer parte da equipe que liderou a reestruturação da companhia.

Essa experiência me ensinou uma lição valiosa: tenha consciência – e cautela – em relação ao que o impulsiona. Naquela época, me vi obrigado a me perguntar que tipo de líder eu queria ser. Desde então, tentei avaliar minhas escolhas de carreira por métricas diferentes. Isso se alinha com meu propósito? Serei capaz de dar uma contribuição significativa nessa função? Isso vai me trazer satisfação? Em outras palavras, a oportunidade que se apresenta será significativa, impactante e satisfatória? Essas foram as perguntas que me fiz quando estava considerando assumir a Best Buy. Houve quem pensasse que eu estava louco, mas, para mim, o desafio atendia a esses três critérios cruciais.

Definir que tipo de líder queremos ser é uma das duas escolhas mais importantes que nos cabem. A segunda é: que outra pessoa deveríamos pôr em uma posição de liderança?

Cresci influenciado por três ideias sobre liderança que moldaram minhas primeiras respostas a essas perguntas e, de modo mais amplo, a questões sobre o mundo dos negócios:

- Líderes são super-heróis;
- A liderança é uma capacidade inata;
- As pessoas não mudam.

O tempo e a experiência me ensinaram que essas três ideias são mitos. Nós escolhemos o tipo de líder que queremos ser. E essa escolha tem uma relevância imensa para as organizações e as pessoas que lideramos.

Derrubando três mitos sobre liderança

Mito 1: Líderes são super-heróis

Quando eu era jovem, pensava que líderes bem-sucedidos resolviam tudo basicamente sozinhos, encontrando as soluções certas. Ser inteligente – e fazer com que todos soubessem disso – me parecia ser a marca dos melhores líderes. As melhores faculdades supostamente levavam aos melhores empregos, que geravam os melhores líderes. Poder, fama, glória e dinheiro eram os parâmetros do sucesso profissional. E, sinceramente, essas considerações influenciaram algumas de minhas escolhas no início da carreira.

Quando eu estava no último ano da faculdade, recebi um convite para assessorar o presidente e CEO da Sacilor, uma grande siderúrgica estatal francesa. Meu antecessor na função, que estava pronto para ascender ao degrau seguinte da bem definida escada corporativa, tinha sido, como eu, orador da turma. Aceitei o emprego de imediato, não por uma questão de propósito, mas porque era uma função de prestígio, que levaria a conexões capazes de alavancar minha carreira. Eu estava dando o primeiro passo rumo ao restrito círculo da elite de negócios na França, constituído de brilhantes nomes oriundos de um punhado de escolas exclusivas que tinham se tornado aqueles poderosos líderes-heróis, os maiores cérebros do pedaço.

A ideia de um brilhante herói-líder que salva sozinho a situação está profundamente enraizada no nosso imaginário, remontando à Grécia Antiga e a seus poderosos semideuses, sendo Hércules o mais célebre, e chegando até os negócios atuais. No início da minha carreira, líderes proeminentes, como Jack Welch, da GE, eram reverenciados por seu intelecto, seu tino estratégico e seu estilo agressivo. Eram considerados gênios infalíveis e inspiravam seguidores altamente fervorosos.

Nos últimos tempos, no entanto, o modelo do líder infalível perdeu muito de seu apelo. Primeiro, porque um número cada vez maior de pessoas valoriza autenticidade e conexão. Uma pesquisa de Paula Niedenthal, professora de psicologia da Universidade de Wisconsin-Madison, destaca que somos equipados para detectar inautenticidade.[1] E projetar infalibilidade, força e autoridade o tempo todo – algo que durante décadas se esperou dos líderes – é percebido como inautêntico e distante.

Segundo, porque o modelo do herói-líder não leva em conta a ideia de propósito, que é fundamental nos negócios. Super-heróis pertencem ao universo cinematográfico, não ao corporativo.

Terceiro, porque é fácil para heróis-líderes bem-sucedidos começar a acreditar no mito de que são mais inteligentes do que todo mundo, intocáveis e, por tudo isso, indispensáveis. É fácil ser seduzido por poder, fama, glória e dinheiro. É fácil se desconectar da realidade e de seus pares quando estamos cercados por bajuladores e sectários. Matt Furman, responsável por toda a comunicação da Best Buy, resumiu perfeitamente essa mentalidade ao brincar: "Chega de mim. Agora falemos de mim!"

A história está repleta de CEOs-celebridades que eram tidos como gênios ou super-heróis mas que migraram das capas de revistas para celas de prisão: de Jeff Skilling (Enron) e Carlos Ghosn (Nissan) a Joseph Nacchio (Qwest) e Bernie Ebbers (WorldCom).

Os anos que passei resistindo a feedback e deixando a ambição pessoal ditar algumas decisões de início de carreira ilustram como eu gravitava em direção a esse modelo mítico do CEO super-herói. Quando percebi que esse não era o tipo de líder que eu queria ser, decidi me proteger ativamente dessa armadilha. "A missão de vocês é garantir que eu nunca saia na capa de nenhuma revista", instruí minha equipe de comunicação quando assumi a Best Buy. Insisti em viajar em voos comerciais sempre que podia e estabeleci condutas que me ajudassem a manter os pés no chão. Tomei precauções para que meu ego não me guiasse.

"Não sou o CEO da Best Buy", declarei, pouco depois de assumir a empresa, a um jornal de Minneapolis. Com isso, quis dizer que, embora fosse uma honra, aquele cargo não me definia. Meu objetivo desde o início foi ser dispensável. Foi por isso que decidi, em 2019, passar o bastão a Corie Barry. Sentia que tinha realizado o que me havia proposto a fazer, e foi uma decisão fácil. A empresa estava indo bem, energizada por pessoas excepcionais e liderada por uma equipe extraordinária. Líderes super-heróis acreditam em estar na frente, altamente visíveis. No caso de transições na liderança, eu diria que um dos segredos para o sucesso é *não* estar visível. Permanecer no plano de fundo, disponível somente se e quando necessário. Após um ano, a transição estava completa e eu deixei de ser o CEO. Como nunca tinha definido minha identidade pessoal em função do cargo, foi fácil mudar.

Mito 2: A liderança é uma capacidade inata

Quando Lloyd Blankfein ainda era o CEO do banco de investimentos Goldman Sachs, ouvi um discurso que ele proferiu no Minneapolis Club. Blankfein disse que todo dia, ao se barbear, se perguntava: "É hoje? É hoje que o mundo vai se dar conta de que não sou competente para este emprego?" Lá estava um dos mais bem-sucedidos banqueiros no mundo duvidando de si. A maioria dos líderes que conheço – inclusive eu mesmo – sofre da síndrome do impostor.

Essa síndrome nasceu, em parte, da crença equivocada de que a liderança é uma aptidão inata, que surge a partir de certo nível de inteligência, autoconfiança e um carisma que pode ou não ser inato. Se isso fosse verdade, haveria apenas alguns poucos seres excepcionais capazes de fazer esse trabalho, mais ninguém. Contudo, pesquisas e mesmo narrativas da vida de grandes líderes sugerem que isso não é verdade. Figuras icônicas como Winston Churchill dificilmente se encaixam no modelo do líder impecável, que já nasceu totalmente formado e pronto para nos inspirar. No início da vida, Churchill foi um estudante medíocre e tinha um distúrbio de fala. Mais tarde, tornou-se um dos líderes mais proeminentes do século XX. Sim, *tornou-se*. Creio que a maior parte dos atributos frequentemente associados a uma liderança "inata", do pensamento estratégico à eloquência, pode ser aprendida. Como relatei em capítulos anteriores, o coaching e modelos de desempenho me ajudaram a me tornar um líder melhor ao longo do tempo.

Mito 3: As pessoas não mudam

Quando eu estava na Best Buy, uma das nossas executivas me disse certa vez que estava convencida de que as pessoas não mudam e não são capazes de mudar. Eu discordei veementemente, porque sou uma prova viva de que podemos mudar. Meu estilo de liderança hoje é notavelmente distinto do modo como eu atuava 30 anos atrás. Já acreditei que liderar consistia em realizar um planejamento estratégico imposto de cima para baixo, elaborado a partir de puros dados e análise. Hoje me concentro em propósito e na mágica humana. Já tentei me destacar por ser o mais inteligente e por resolver todos os problemas. Hoje busco criar um ambiente no qual outros possam crescer e encontrar soluções. E já acreditei que o propósito do negócio era o lucro. Hoje sei que o lucro é apenas um imperativo e uma consequência.

Tornando-se o líder que você escolheu ser

Quando concluí que líderes não são natos nem super-humanos, constatei que estava livre para decidir que tipo de líder eu seria. Minha escolha, obviamente crítica para mim, influenciaria a forma como eu iria interagir com outros e reverberaria nas organizações por intermédio das pessoas que eu indicaria para liderar outras.

Havia muitos modelos disponíveis. As estantes das livrarias estão cheias de títulos que defendem diferentes abordagens, com diversos rótulos de liderança.[2] Clayton Christensen deu o seguinte conselho a graduandos da Harvard Business School em 2010: "Pensem no parâmetro pelo qual sua vida será avaliada e decidam viver todo dia de modo que, no fim, sua vida seja considerada um sucesso."[3] Essa é, para mim, uma boa visão. Para escolher o tipo de líder que você quer ser, pense em três coisas: o que o impulsiona, que legado você quer deixar e como se manter no caminho certo.

O que o impulsiona?

Em meados de 2018, passei uma tarde de domingo no centro de Manhattan participando de um workshop da designer Ayse Birsel, Design The Life You Love (Projete a vida que você ama), em que ela incentivava as pessoas a usar os princípios do design para pensar nas suas escolhas de vida. Num dos exercícios mais profundos, ela nos pediu que pensássemos em pessoas que admirávamos. Minha lista incluía um grupo variado, de Gandhi a Bill George. Ayse então nos pediu que anotássemos as qualidades que admirávamos nessas pessoas. Minha lista de atributos parecia girar em torno da vontade e da capacidade de fazer uma grande diferença no mundo e de um inabalável compromisso com o apoio e a ajuda aos outros.

"Isso é o que você quer ser", explicou Ayse ao grupo. Cabia a nós abraçar aquelas qualidades como nossas e agir de acordo com elas.

Foi o momento perfeito para fazer esse workshop, pois eu tinha começado a pensar em sair da Best Buy. Embora o propósito que eu tinha identificado durante os exercícios espirituais de Loyola tantos anos antes permanecessem os mesmos, Ayse Birsel me ajudou a cristalizar as qualidades que eram importantes para mim e a ousar colocá-las em prática no que faria em seguida.

Que legado você quer deixar?

Vale a pena dedicar tempo a refletir sobre essa questão e garantir que suas decisões e o modo como emprega seu tempo, seus esforços e sua energia reflitam essa escolha. Como chegar a esse tipo de clareza? A coach executiva e escritora Hortense le Gentil pede rotineiramente a seus clientes que escrevam o próprio obituário. É um modo poderoso de fazer nossa mente se concentrar no que queremos realizar e de avaliar se nossas escolhas estão alinhadas com esse propósito.

Durante o workshop na Harvard Business School para novos CEOs, o professor Michael Porter pede aos participantes que escrevam seu discurso de aposentadoria. Como vocês querem ser lembrados? Qual contribuição desejam oferecer? Que tipo de legado querem deixar?

Claro, ao responderem a essas perguntas, poucos executivos destacam quanto dinheiro terão ganhado, quantas pessoas terão demitido ou quantas vezes terão aparecido em capas de revistas.

Como se manter no caminho certo?

Em sua fala aos formandos do MBA, Christensen destacou que nenhum executivo planeja ir para a prisão, mas que todos têm uma propensão para inconscientemente alocar seu tempo e sua energia no que produz resultados tangíveis a curto prazo e em reconhecimento, não no que e em quem eles diriam que mais importa.[4] Corrigir-se dessas propensões exige autoconsciência e uma rotina que o ajude a se manter em contato consigo mesmo. Marshall Goldsmith incentiva seus clientes a fazer uma lista de questões sobre comportamentos que reflitam valores importantes e a se perguntar *todo dia* se fizeram o melhor possível para agir dessa maneira. Seja qual for a sua forma de introspecção, aperte o botão de *pause* todo dia para avaliar se você continua em contato com seu propósito e vive de acordo com ele. Além da autoconsciência e de se aferrar a seus princípios, você pode se apoiar na família, nos amigos, em colegas de trabalho, em um coach ou mentor, ou em um bom quadro de diretores como rede de proteção que o ajude a se manter no curso – ou a voltar ao curso, caso tenha se desviado.

. . .

Não acredito mais que meu papel como líder seja trazer todas as respostas.
    Decidir por que e como exercer poder e a quem entregá-lo são as escolhas mais cruciais para um líder. O conceito de que empresas são organizações humanas feitas de pessoas que trabalham juntas por um propósito comum implica que precisamos mudar nossa expectativa em relação aos líderes, em todos os níveis.
    O que agora se exige é um estilo de liderança que coloque em primeiro lugar o propósito e as pessoas, o que eu chamo de liderança com propósito.

Para refletir

- Que tipo de líder você acredita que é hoje?
- O que tem impulsionado suas decisões profissionais?
- Que tipo de líder você quer ser?
- Como quer ser lembrado?

15

O líder com propósito

Podemos fazer muito mais. Com a liderança certa, podemos salvar este mundo.

– Adrian Veidt, em *Watchmen*, 2009

Em janeiro de 2013, Shari Ballard, então diretora de recursos humanos da Best Buy, me incentivou a expressar o que, na minha opinião, tornava alguém um bom líder. Se a decisão mais importante de um CEO é escolher quem colocar numa posição de liderança, argumentou ela, precisávamos ter clareza sobre o critério para decidir. No entanto, nosso plano de reestruturação estava só começando e a Best Buy ainda se encontrava numa situação crítica. Eu sentia que deveria me concentrar em ação, não em palavras, então declinei de fazer esse exercício naquele momento.

Mas Shari tinha razão, é claro. E alguns anos depois, quando a empresa estava a salvo e embarcara numa estratégia de crescimento, Shari me provocou novamente a compartilhar meus princípios de liderança. O momento parecia adequado. Na Best Buy, e também ao longo de mais de duas décadas de trabalho, eu tinha aprofundado meus conceitos sobre o que considero uma liderança com propósito.

Esses conceitos estão por todo este livro. Em essência, penso neles frequentemente como os cinco "Seja" da liderança com propósito:

1. Seja claro quanto a seu propósito, quanto ao propósito das pessoas à sua volta e quanto à conexão entre o seu propósito e o da empresa

Quando recrutava líderes, eu perguntava aos candidatos sobre sua experiência e as aptidões que tinham desenvolvido com o tempo, sobre seus objetivos profissionais e se seriam uma boa opção para a organização. Critérios-padrão. Essas me pareciam as considerações mais importantes.

Hoje me lembro de Marilyn Carlson Nelson, naquele voo de Paris a Minneapolis, me perguntando sobre minha alma e passo mais tempo tentando entender quais são os sonhos e o propósito de um candidato. "O que lhe dá energia?", pergunto. "O que o impulsiona?"

"Meu propósito", diz Corie Barry, minha sucessora como CEO da Best Buy, "é deixar algo um pouco melhor do que encontrei – e isso vale para minha comunidade, minha família e a Best Buy." Corie é muito clara quanto a seu propósito na vida e quanto a como ele se relaciona com a missão da Best Buy de enriquecer vidas por meio da tecnologia. Antes de se tornar CEO, ela foi fundamental ao guiar a empresa em novas direções (como a de produtos de saúde) que estavam alinhadas com o propósito da Best Buy e o dela própria.

Citada entre as mulheres mais poderosas do mundo da revista *Fortune* e as mais jovens CEOs da Fortune 500, seu propósito não mudou. Para se manter conectada com ele, Corie pergunta a si mesma todos os dias, ao voltar para casa, de que modo as coisas na Best Buy estão um pouco melhores graças a ela.

Depois que deixei de ser presidente do conselho e CEO da Best Buy, a questão do propósito – não apenas o individual, mas, tão importante quanto, o que impulsiona outras pessoas – surge com frequência nas discussões que tenho com os líderes que treino. Recentemente, um CEO bem-sucedido precisava de ajuda com membros de sua equipe. Ele sentia que não estavam integrados entre si, cada um concentrado em sua área funcional, não na organização inteira. Juntos, constatamos que, embora ele tivesse clareza sobre seu propósito e o da organização, não sabia muito sobre o que impulsionava as pessoas à sua volta. Sem esse conhecimento, seria difícil ajudá-las a fazer essa conexão e oferecer um terreno comum a todos os membros da equipe.

Durante a pandemia de covid-19, muitos líderes de empresas com quem falei viam a crise como um momento-chave para ganhar clareza quanto a seu propósito e conectá-lo ao do negócio. A oportunidade estava lá para ajudar os outros e liderar com humanidade. Eles compreenderam – para expressar isso *à la* Winston Churchill – que aquele podia e deveria ser seu "melhor momento" e queriam estar à altura da ocasião. Sabiam que seu desempenho seria julgado pelo modo como sua empresa e sua liderança estavam cumprindo um propósito mais elevado e pensando em todas as pessoas envolvidas, não no valor da ação ou se ela alcançava o indicador de lucro por ação.

2. Seja claro quanto a seu papel como líder

Em 2014, duas semanas antes da Black Friday – um dos dias mais movimentados do ano para qualquer varejista –, autoridades policiais contataram a Best Buy para nos avisar que poderíamos ter sofrido uma violação de dados por hackers. Isso tinha um potencial catastrófico e fiquei extremamente preocupado. Ainda estávamos na fase de reestruturação, e uma violação de dados poderia arrasar toda a temporada das grandes festas e a campanha Renew Blue. No dia seguinte, bem cedo, reuni nossa equipe de gestão de crise, inclusive representantes de TI, operações, jurídico, comunicação, finanças e outros, numa pequena sala de reuniões sem janela. Sentamos em torno de uma longa mesa. O clima era sombrio: o que fazer? Dar vazão à raiva e à frustração? Eu deveria mergulhar na tarefa de resolver problemas?

Pus de lado todos esses pensamentos e lembrei a mim mesmo que deveria me comportar como um termostato, não um termômetro, e determinar qual seria a temperatura: no caso, para cima e positiva.

"Ninguém ia querer isso duas semanas antes da Black Friday", eu disse, "mas temos que decidir como vamos vivenciar esse momento incrível para a liderança. Isso nos dá a oportunidade de fazer uma grande diferença e ser a melhor versão de nós mesmos, a começar por mim. Vocês são todos muito qualificados e talentosos, e estou ansioso para trabalhar com cada um para criarmos o melhor resultado possível. Agora vamos lá."

Já tínhamos ensaiado o que fazer em um caso de violação como aquele, portanto nos sentíamos preparados. Felizmente, foi um alarme falso: não tinha havido a invasão. Mas a ocasião foi um bom lembrete de que meu papel como líder era criar energia e momentum – especialmente em circunstâncias extremas. Era ajudar os outros a ver possibilidades e potencial. Criar energia, inspiração e esperança: eu teria descartado essa ideia 30 anos antes, mas ela é essencial no papel de um líder com propósito. Dito de outra maneira, supostamente por John Quincy Adams: "Se suas ações inspiram outros a sonhar mais, aprender mais, fazer mais e se tornar mais, você é um líder."

Você não pode escolher as circunstâncias, mas pode controlar seu mindset. Seu mindset determina se você gera esperança, inspiração e energia à sua volta – ou se baixa o astral de todos. Escolha bem. Eu era lembrado disso toda manhã quando trabalhava na Carlson. Havia uma estátua de Carl Carlson, o fundador da empresa, no saguão da sede, e nessa estátua estavam gravadas as palavras *Illegitimi non carborundum* – um gracejo em latim que pode ser traduzido livremente como "Não deixe os filhos da mãe acabarem com você".

3. Seja claro quanto a quem você serve

"Se você acredita que está servindo a si mesmo, a seu chefe ou a mim, o CEO, tudo bem. A escolha é sua", eu disse uma vez aos funcionários da Best Buy. "Mas, nesse caso, você não deveria trabalhar aqui. Deveria ser promovido a cliente." Eu queria dizer que na Best Buy não havia espaço para pessoas cujo principal propósito era fazer sua carreira avançar. Um executivo inteligente, que foi recrutado com base em sua capacidade e experiência, acabou deixando a Best Buy em grande parte porque era impulsionado por sua ambição pessoal. Por estar servindo primordialmente a si mesmo, ele não se integrou na empresa.

Alguns líderes pensam que ser agressivo e dar ouvidos ao próprio ego será bom para sua carreira, mas é esse o tipo de pessoa que você quer ser? Os melhores líderes não sobem até o topo, como diz meu amigo Jim Citrin; são levados até lá. E é servindo aos outros que isso acontece.

Como líder, você tem que servir às pessoas na linha de frente – elas é que estão ao leme do negócio. Você serve aos seus colegas. Você serve ao conselho diretor. Você serve às pessoas à sua volta, primeiro compreendendo de que elas precisam para dar o melhor de si, de modo que você possa fazer o possível para lhes dar apoio.

Marshall Goldsmith me disse uma vez que eu deveria considerar todo mundo um cliente. O modo como você trata o funcionário de uma companhia aérea ou um garçom, por exemplo, influencia muito o serviço que recebe deles. Um alto executivo de uma das empresas em que trabalhei aprendeu isso do jeito mais difícil. Uma vez, o voo dele foi cancelado e ele ficou preso no aeroporto. Na fila para ser reacomodado em outro voo, ele perdeu a paciência e foi até o balcão de atendimento. "Você sabe quem eu sou?", sibilou ele para o atendente. "Senhoras e senhores, preciso de sua ajuda", disse o funcionário, dirigindo-se aos passageiros na fila. "Temos aqui um caso de amnésia. Este homem não sabe quem é!"

É preciso vigilância e autoconsciência para não cair na armadilha criada pela combinação de poder, fama, glória e dinheiro. Tropeçar no ego ou na ambição e tentar obter uma vantagem, como o executivo no aeroporto, pode acontecer com qualquer um. Eu caí nessa armadilha quando, motivado por ego e ambição, competi por um emprego prestigioso, mas pouco significativo, como relatei no Capítulo 14. Antes de falar ou agir, saiba com clareza qual é sua motivação e a quem você está tentando servir.

4. Seja movido por valores

Quando eu trabalhava na McKinsey, pedi alguns conselhos de liderança a um de meus parceiros de trabalho, Russ Fradin, que depois se tornaria o principal conselheiro independente da Best Buy. "Diga a verdade e faça o que é certo", disse ele.

Em geral, todos concordamos quanto ao que é certo: honestidade, respeito, responsabilidade, justiça e compaixão. Em tese, toda empresa tem belos valores. Mas valores de nada servem se ficam apenas no papel. Ser movido por valores é fazer o que é certo, não só saber ou dizer o que é certo. O papel de um líder é viver segundo esses valores, promovê-los explicitamente e fazer com que sejam parte da tessitura do negócio. A Johnson & Johnson, por exemplo, é famosa por seu credo, escrito pela primeira vez em 1943 pelo filho do fundador. A decisão da empresa, em 1982, de fazer o *recall* de 31 milhões de frascos de Tylenol, um de seus campeões de venda, depois que uma pessoa morreu por ingerir um comprimido contaminado com cianeto por um criminoso ilustra como os líderes da empresa são guiados pelo credo. Mesmo hoje, a Johnson & Johnson pede regularmente a seus funcionários que atribuam uma nota a como a empresa está correspondendo às expectativas de seu credo, e várias rodadas de Desafios ao Credo alimentaram discussões abertas em torno desses valores, questionaram sua relevância e reinterpretaram como eles definem a companhia no presente.

De modo semelhante, tanto na Carlson quanto na Best Buy implementei dias em que os funcionários debatiam os valores da empresa – se estávamos de fato colocando em prática esses valores e o que fazer para concretizá-los plenamente.

Saber e fazer o que é certo nem sempre é simples, é claro. Mas Clayton Christensen, professor de Harvard, destaca que é mais fácil se apegar a seus princípios durante 100% do tempo do que se apegar durante 98% do tempo: o custo marginal de fazer algo que vai contra seus valores "só dessa vez" talvez pareça baixo, mas, no fim, pode levar você para a prisão, pois as águas vão ficando cada vez mais turvas depois que se abre a primeira exceção.[1] Assim, se você se recusar a ceder e se lembrar sempre de agir segundo a verdade e fazer o que é certo, as escolhas ficam mais fáceis.

Apegar-se aos valores é particularmente crítico durante crises, quando o estresse e a pressão vão de encontro a nosso discernimento. Harry Kraemer, ex-presidente do conselho e ex-CEO da empresa de material médico-hospitalar Baxter International, além de professor de liderança na Kellog School of Management e sócio-executivo da empresa de *private equity* Madison Dearborn, expressou o que muitos líderes sentiram durante a crise gerada pela pandemia de covid-19: "Preocupação, medo, ansiedade, pressão e estresse. Esses sentimentos o dominam por completo. E, dominado por esses sentimentos, você fica quase incapacitado."

Na visão dele, um dos principais princípios ou mantras que líderes precisam adotar para atravessar crises é acreditar que vão fazer a coisa certa e fazer o melhor que podem. Kraemer reconhece que fazer a coisa certa é muito mais difícil do que parece, mas você não precisa identificar sozinho qual é o caminho certo; basta se cercar de pessoas nas quais confia e cujos valores se alinham com os seus e os da sua organização. Você vai determinar o que é certo junto com eles e, depois, agir da melhor maneira que conseguir.[2]

Tenho orgulho de como os valores guiaram a liderança da Best Buy durante a pandemia de covid-19. Na maioria dos estados americanos, a Best Buy se propôs a fornecer um serviço essencial – ajudar as pessoas a ter o equipamento e o suporte adequados para trabalhar ou estudar em casa –, o que justificava manter as lojas abertas. A demanda disparou, mas tinha que ser equilibrada com uma prioridade mais básica e fundamental: a segurança dos funcionários e clientes. Quando os funcionários se preocupavam com sua segurança e os clientes ficavam compreensivelmente nervosos, Corie e sua equipe fechavam as lojas sem hesitar. A Best Buy precisou de poucos dias para reorientar seu modelo operacional para entregas sem contato pessoal, na calçada. Não havia como saber como o fechamento das lojas impactaria o faturamento, mas isso não importava: o que importava era, antes de tudo, fazer a coisa certa.

Ser movido por valores significa também saber quando sair de cena se você não está alinhado com o ambiente em que trabalha – seja colegas, chefe, diretoria ou os valores e o propósito da empresa. Como diz a máxima, "Dai-me a sabedoria para discernir o que posso e o que não posso mudar". Deixei a EDS França em grande parte porque a visão do novo CEO a respeito de lucros e pessoas entrava em choque com a minha.

5. Seja autêntico

Em 11 de junho de 2020 deixei o cargo de presidente do conselho da Best Buy. De muitas maneiras, senti que dava um passo maior do que tinha dado ao entregar o bastão de CEO, no ano anterior. Embora eu continuasse a admirar e apoiar a Best Buy e seu pessoal, e a torcer pela empresa, não teria mais um papel formal ali. Após oito maravilhosos anos, esvaziei minha sala. Como o país estava em meio à pandemia de covid-19, não pude me despedir pessoalmente. "Amo vocês!" foi o título do e-mail que enviei a nossos líderes seniores e à diretoria, com quem tinha trabalhado tão estreitamente. Acima de tudo, quis expressar como me sentia. E, nas palavras do escritor inglês A. A. Milne, eu me sentia um cara de sorte por ter algo que tornava tão difícil a despedida. Expressei emoções semelhantes num vídeo a todos os funcionários: "*Au revoir*, meus amigos", concluí. "Levarei vocês em meu coração."

Abrir meu coração e minha alma desse modo teria sido impensável alguns anos antes. Uma vez me disseram que a jornada mais longa a empreender seriam os 45 centímetros entre minha cabeça e meu coração. É realmente uma longa e árdua jornada. Como outros líderes de minha geração, acreditei por muito tempo que emoções não deveriam ter lugar num contexto profissional. Eu tinha bastante coisa a desaprender. Levei uma vida inteira para abraçar o quinto e, para mim, certamente o mais difícil "Seja": seja você mesmo, seu verdadeiro eu, seu eu inteiro, sua melhor versão. Seja vulnerável. Seja autêntico. Isso é algo que a nova geração de líderes parece captar mais intuitiva e naturalmente.

Todos já ouvimos falar da ideia de equilibrar vida pessoal e vida profissional. Equilibrar família, amigos, lazer e trabalho é importante, mas a formulação sugere que a vida é algo fora do trabalho e que o trabalho é algo diferente da vida, não é nossa *vida real*.

Isso evaporou durante a pandemia de covid-19, quando tantas pessoas passaram a trabalhar em casa. Realmente trouxemos nosso eu completo para o trabalho, inclusive filhos, cães e gatos. Nossa humanidade nunca foi mais aparente. Isso nem sempre é confortável ou fácil. Mas todos tivemos que ver um ao outro e nos mostrar sob uma nova luz, em toda a nossa humanidade.

Nossos funcionários esperam que sejamos humanos, esperam que captemos quem eles são e que façamos com que se sintam respeitados, ouvidos, compreendidos e incluídos. Isso significa que precisamos nos abrir e nos mostrar vulneráveis, inclusive identificando o que não sabemos.

Brené Brown destaca que a vulnerabilidade está no cerne da conexão social. A conexão social, por sua vez, está no cerne dos negócios.

E isso começa com cada um de nós.

Para refletir

- Você já decidiu que tipo de líder quer ser?
- Como você descreveria seu propósito?
- O que está fazendo para criar um ambiente no qual os outros possam crescer e se desenvolver?
- A quem você está servindo?
- Que valores o definem?
- Você está fazendo o melhor que pode para ser autêntico, acessível e vulnerável?

CONCLUSÃO

Um chamado à ação

Caro leitor,

Aonde vamos a partir daqui?

O que cada um de nós pode fazer para colocar o propósito e as pessoas no coração do negócio?

O que cada um de nós pode fazer para acionar a mágica humana e gerar resultados sobrenaturais?

O que cada um de nós pode fazer para ampliar o movimento em direção à necessária refundação dos negócios e do capitalismo em torno dos princípios da liderança humana e com propósito apresentada neste livro?

Há tarefas importantes e urgentes. Precisamos agir em benefício de todas as pessoas envolvidas, de todos os seres humanos que são cidadãos deste planeta.

Então o que é preciso?

Felizmente, as ideias de um capitalismo com propósito, voltado para todos os envolvidos, têm avançado a passos largos nos círculos empresariais, tanto nos Estados Unidos como em todo o mundo. Na minha avaliação, a maioria dos líderes, ou pelo menos aqueles de alto escalão, acredita nessa visão. Mas sei, por experiência, que há uma distância entre compreender e fazer. A meu ver, resta muito a ser feito para transformar pensamentos e palavras em realidade.

A refundação que estou invocando exige uma mudança de cada um de nós e de cada grupo envolvido.

Gosto de dizer que comportamento se muda mudando o comportamento. Então vamos terminar este livro pensando sobre o que podemos fazer. Todos nós temos um papel a cumprir.

Para líderes

Gosto muito de uma história que fala sobre um homem que queria transformar o mundo. Primeiro ele se mudou para Calcutá, para ajudar os mais pobres dos pobres. Mas não estava feliz. Então pensou que talvez devesse ir para Nova York e ajudar os pobres de lá. Mas ainda não estava feliz. "Talvez eu devesse cuidar da minha família e ajudar minha esposa e meus filhos o melhor que puder", pensou. Mas também não ficou muito feliz. Após um longo período de reflexão, ele concluiu que talvez devesse começar por si mesmo. Assim, ele mudou a si mesmo, e, dessa maneira, acabou mudando o mundo.

Para avançar em direção a se tornar o líder com propósito descrito no Capítulo 15, todos devemos começar por nós mesmos. Expressar e se manter conectado ao que nos move exige introspecção e reflexão. Não podemos ser autênticos e nos conectar verdadeiramente com os outros se não estivermos profundamente conectados conosco.[1] E, para ajudar pessoas à nossa volta a ser bem-sucedidas e se tornarem as melhores versões de si mesmas, temos que nos esforçar para ser nossa melhor versão também, dia após dia.

Portanto, comece por si mesmo.

Seja o líder que você deve ser.

Seja a mudança que você quer ver.

Para empresas

Qualquer agricultor lhe dirá que sementes plantadas em solo ruim não germinam. Primeiro é preciso garantir a boa qualidade do solo.

O mesmo vale para empresas. O primeiro passo na jornada de perseguir um propósito nobre nem sempre é definir o propósito da empresa. Pode ser mais adequado se concentrar inicialmente em criar um ambiente fértil, garantir que as pessoas sintam que existem, que são vistas, que pertencem àquele lugar, que fazem diferença. Somente então um propósito nobre poderá criar raízes e florescer.

Quando for o momento certo, invista tempo em criar, com sua equipe, um propósito nobre que fique naquela interseção que vimos: (1) de que o mundo precisa, (2) os potenciais da empresa, (3) o que move os funcionários, o que os entusiasma, a que aspiram, e (4) como ganhar dinheiro.

Com sua equipe, procure traduzir o propósito nobre da empresa em iniciativas estratégicas concretas que possam fazer a companhia avançar em harmonia com ele. Faça isso antes de embarcar numa missão de comunicação. Como diz o guru do marketing Ron Tite: "Pense. Faça. Diga." E, quando chegar o momento adequado de comunicar, expresse o propósito nobre em palavras simples e diretas, para que todos os funcionários entendam o que significa concretamente para eles e como podem incluí-lo na própria história.

Para ter êxito, a adoção de um propósito nobre provavelmente vai exigir uma transformação significativa. Provavelmente vai exigir uma mudança no modo como as coisas são feitas. Isso não tem a ver apenas com estratégia, mas com mudar o lado humano da organização. Tem a ver com criar um ambiente onde todos possam evoluir e onde se possa acionar a mágica humana.

Para líderes da indústria, de setores e de comunidades

Seu impacto vai além das quatro paredes da companhia. Você é parte de um ecossistema que inclui seu setor e sua comunidade local. Identifique as mudanças sistêmicas que você pode influenciar – por exemplo, desigualdade racial, questões ambientais – e atue nelas com seus pares. Isso é parte de seu trabalho. A ação coletiva, mediante iniciativas no segmento, novas normas e padrões aprimorados, acelera a mudança necessária ao nivelar o campo competitivo.

Para diretorias

Pergunte a si mesmo em que medida você aborda suas responsabilidades de modo que se alinhem com esses princípios. Em que medida...

... o modo como a empresa seleciona, avalia, recompensa, desenvolve e promove líderes reflete os princípios da liderança humana e com propósito?
... a estratégia da empresa está ancorada num propósito nobre, em relação a todas as partes interessadas, de maneira plena de significado?
... o modo como a empresa estabelece metas e gerencia o desempenho reflete esses princípios?
... a diretoria ajuda a moldar a cultura da empresa? Ela exige da administração que crie um ambiente ao qual todos sintam que pertencem e que represente a diversidade dos clientes e da comunidade local?
... as políticas, a gestão de risco e os programas de *compliance* da empresa se alinham com seu propósito e com os princípios de liderança humana e com propósito?

Para investidores, analistas, órgãos reguladores e agências de avaliação de risco

Pergunte-se o que mais você pode fazer para alinhar melhor as decisões de avaliação e de investimento com os princípios da liderança humana e com propósito.

Há esforços crescentes para desenvolver novos padrões, normas e ferramentas que ajudem a avaliar a atuação das empresas no cuidado com *todas* as partes interessadas. O Fórum Econômico Mundial e o Conselho de Padrões Contábeis de Sustentabilidade, por exemplo, criaram iniciativas para incorporar critérios de sustentabilidade aos indicadores de desempenho organizacional.

Mas precisamos ir além. Empresas de análise, por exemplo, ainda olham exclusivamente para o retorno ao acionista na hora de avaliar a remuneração de executivos. Os padrões de contabilidade ainda não consideram fatores externos ao avaliar o desempenho econômico.

Para instituições de educação

Algumas grandes instituições começaram a incorporar propósito e dimensões humanas na educação dos líderes de amanhã. Elas sabem que os melhores líderes não serão aqueles capazes de enunciar os quatro Ps do marketing ou calcular o valor líquido atual de um investimento.

Há muito mais a ser feito: como ajudar estudantes de negócios a progredir em sua jornada e se tornarem líderes melhores, mais imbuídos de propósito, mais alinhados, mais humanos, não super-heróis? Como ensinar estudantes a ancorar estratégia em um propósito nobre, a criar ambientes em que outros possam ser profissionais eficientes e inspirados e a cumprir suas responsabilidades para com todas as partes interessadas?

...

Caro leitor, cabe a cada um de nós levar adiante esse movimento.

Agora que deixei a Best Buy e comecei um novo capítulo em minha vida, estou ansioso para somar minha voz e minha energia a essa causa. Foi isso que me levou a escrever este livro. Foi por isso que, três anos atrás, decidi prover fundos para uma cátedra de liderança com propósito à minha *alma mater*, a HEC Paris, e colaborar com a faculdade para levar adiante a causa lá. Também foi por isso que entrei para o corpo docente da Harvard Business School, cheio de entusiasmo para dar suporte a grandes colegas e ajudar a educar a próxima geração de líderes. Com minha esposa, a extraordinária coach executiva e aclamada escritora Hortense le Gentil, também desejo apoiar outros líderes que buscam se tornar a melhor versão de si mesmos para então liderar com propósito e humanidade. É assim que farão uma diferença positiva no mundo.

Como você quer contribuir?

Juntos, podemos avançar na direção de fazer do propósito e das pessoas o coração do negócio.

Novembro de 2020
Hubert Joly

AGRADECIMENTOS

Hubert Joly

Tenho um débito de gratidão com diversas pessoas que desempenharam um papel importante em fazer este livro se tornar realidade.
 Minha imensa gratidão:

- Às muitas fontes de inspiração que tive durante décadas. Vários clientes meus na McKinsey, como Jean-Marie Descarpentries e Yves Lesage, me ensinaram os princípios fundamentais da liderança. Padre Samuel tem sido, já há três décadas, um guia espiritual e uma fonte de inspiração e sabedoria. Marilyn Carlson Nelson me mostrou como liderar com amor. Russ Fradin, um parceiro meu na McKinsey que depois viria a se tornar o principal conselheiro independente da Best Buy, generosamente compartilhou comigo sua sabedoria durante anos. Marshall Goldsmith teve um impacto imenso em minha vida em geral e, mais especificamente, em minha capacidade para me abrir a feedbacks e a melhorar. Mais tarde, Eric Pliner me ajudou a aprender mais sobre liderança eficaz de equipe. Jim Citrin, da Spencer Stuart, não só me ajudou a ser CEO da Best Buy como também foi uma fonte regular de inteligência e sabedoria sobre liderança e crescimento. Ralph Lauren foi um modelo para mim, mostrando como se pode construir um negócio em torno do sonho de uma vida melhor. Bill George foi um mentor, um parceiro de reflexões e um modelo de atuação por mais de 10 anos; também me ofereceu valiosos feedbacks em vários estágios de desenvolvimento deste livro e escreveu o prefácio. Mais amplamente, muitos grandes CEOs, bem como líderes de negócios e de organizações não lucrativas que conheci ao longo dos anos, foram maravilhosas fontes de inspiração para mim sobre como liderar com propósito e humanidade. Um bom número deles também formulou generosas palavras de endosso a este livro.

- A toda a equipe da Best Buy. Aprendi muito com meus amigos e colegas na Best Buy, a começar por seu fundador, Dick Schulze, e seu ex-CEO Brad Anderson, que conheci como membro da diretoria da Carlson; com todos os executivos e líderes da Best Buy mencionados no livro, especialmente minha maravilhosa sucessora, Corie Barry, que hoje talvez seja uma das CEOs de maior destaque no mundo; com todos os camisas azuis com quem tive a oportunidade de trabalhar e de aprender (vocês me deram tanto!); e por último, mas não menos importante, com cada diretor da empresa, especialmente meu amigo Hatim Tyabji, que era presidente não executivo quando entrei.

- À equipe da HEC Paris de quem fui parceiro na cátedra de Liderança com Propósito, patrocinada pela família Joly. Obrigado, Peter Todd e professor Durand, por acreditarem nessas ideias e usá-las para ajudar a remodelar a educação para negócios.

- A meus novos colegas na Harvard Business School, por me receberem como professor e me darem a oportunidade de ajudar a formar a próxima geração, de modo a termos grandes líderes para enfrentar os desafios que se impõem ao mundo.

- A Caroline Lambert, minha parceira na escrita deste livro, com quem tem sido um prazer trabalhar e que fez tudo acontecer. Escrever um livro não é difícil, mas escrever um bom livro é extremamente difícil. Se este livro é bom, grande parte do crédito é de Caroline.

- A Rafe Sagalyn, meu agente, que o tempo todo nos dizia para estreitar o "arco narrativo" e nos incentivou persistentemente a "não contar, mostrar", além de ter me apresentado à maravilhosa equipe da HBR Press.

- À equipe da HBR Press, especialmente Scott Berinato, nosso incrível editor, com quem Caroline e eu tivemos o prazer de colaborar ao longo do projeto. Sua orientação e seu apoio ao longo de todo o caminho foram inestimáveis. Scott, adoramos cada sessão de trabalho com você.

- A meus incríveis assistentes, Shelley Plunkett, Marcia Sandberg e Ysadora Clarin, que me deram suporte com gentileza e eficácia antes, durante e depois de concluído este projeto.

Sou especialmente grato a meus pais, que me ensinaram a importância do empenho e da honestidade. A meus filhos, por seu amor, suas ideias e seu estímulo. E a Hortense, por seu apoio e sua parceria miraculosos.

Caroline Lambert

Trabalhar neste livro foi uma alegria e uma inspiração.

Obrigada, Hubert Joly, por me convidar a compartilhar a aventura de seu livro. E que aventura! Atravessamos várias mudanças geográficas, acontecimentos importantes, uma pandemia, quedas de wi-fi e incontáveis horas no Zoom. Obrigada por me confiar suas ideias e histórias, por responder a minhas perguntas e alfinetadas com tanta graça e por me mostrar sua visão inspiradora – tão diferente daquela que havia no mundo corporativo do qual fugi tantos anos atrás. Obrigada também pela paciência, gentileza, generosidade e positividade. Não poderia haver parceiro melhor para um livro.

Tivemos a sorte incrível de contar com Scott Berinato, nosso extraordinário editor, desde o início. Estas páginas muito se beneficiaram de seu feedback e sua rigorosa edição, e seu bom humor e seu encorajamento trouxeram a nossas reuniões muita alegria. Obrigada também a toda a equipe da HBR Press, por ajudar a levar este livro das telas de computador para as estantes.

Vários revisores técnicos tiveram a gentileza de ler o manuscrito e deram feedbacks valiosos. Obrigada!

Rafe Sagalyn, o agente de Hubert, generosamente nos ajudou a refinar o projeto e nos levou à HBR Press.

Meus sinceros agradecimentos a Shelley Plunkett, Marcia Sandberg e Ysadora Clarin, que organizaram a logística de nossas reuniões mês após mês. Obrigada a Matt Furman e sua equipe, por nos ajudarem com o material da Best Buy.

Tenho uma imensa dívida de gratidão com Hortense le Gentil, sem a qual nada disso teria sido possível. Obrigada, Hortense, por sua amizade e seu apoio.

Por fim, minha mais profunda gratidão e todo o amor a meu marido, David, e nossa filha, Zoe, por seu amor, apoio e compreensão enquanto eu trabalhava até altas horas da noite em rascunhos e revisões. Meu mundo começa e termina com vocês.

NOTAS

Introdução

1   Lisa Earle McLeod, *Leading with Noble Purpose: How to Create a Tribe of True Believers* (Liderando com um propósito nobre: Como criar uma tribo de gente que acredita de verdade). Hoboken, NJ: Wiley, 2016.

Capítulo 1

1   Marcus Buckingham e Ashley Goodall, *Nove mitos sobre o trabalho*. Rio de Janeiro: Sextante, 2021, pp. 267-76.

2   Jim Harter, "Dismal Employee Engagement Is a Sign of Global Mismanagement", Gallup Workplace Blog. Disponível em <www.gallup.com/workplace/231668/dismal-employee-engagement-sign-global-mismanagement.aspx>, acesso em 18 de abril de 2022.

3   Gallup, *State of the Global Workplace*, p. 5. Washington, D.C.: Gallup, 2017.

4   Andrew Chamberlain, "Six Studies Show Satisfied Business Employees Drive Business Results", *Glassdoor*, 6 de dezembro de 2017. Disponível em <www.glassdoor.com/research/satisfied-employees-drive-business-results/>, acesso em 18 de abril de 2022.

5   Glassdoor, "New Research Finds That Higher Employee Satisfaction Improves UK Company Financial Performance", 29 de março de 2018. Disponível em <www.glassdoor.com/about-us/new-research-finds-that-higher-

-employee-satisfaction-improves-uk-company-financial-performance/>, acesso em 18 de abril de 2022.

6 Num estudo com duração de um ano (conduzido em 2016-2017) e envolvendo mais de 500 mil funcionários de 75 empresas de 15 setores, a Glint, uma plataforma que mede e melhora o comprometimento dos trabalhadores, descobriu que pessoas com um grau desfavorável de satisfação tinham cinco vezes mais probabilidade de deixar o emprego nos seis meses seguintes e 12 vezes mais probabilidade de fazê-lo nos 12 meses seguintes, em comparação com aquelas com grau neutro ou favorável.

7 Buckingham e Goodall, *Nove mitos sobre o trabalho*, pp. 267-68.

8 Glint, estudos.

9 A hierarquia de ocupações de Aristóteles classificava o trabalho – seja servil ou qualificado – no ponto mais baixo, inferior à práxis, ou o ato de pôr ideias em prática, e à teoria, ou contemplação intelectual, considerada a mais nobre maneira de passar a vida.

10 O poeta romano Virgílio conta a história de como Júpiter fez com que os humanos precisassem trabalhar para satisfazer seus desejos, ao contrário dos deuses, que estavam livres do fardo do trabalho. Cícero escreve sobre o trabalho como algo vulgar, que degrada o corpo e a mente.

11 E ao homem [Deus] declarou: "Visto que você deu ouvidos à sua mulher e comeu do fruto da árvore da qual eu lhe ordenara que não comesse, maldita é a terra por sua causa; com sofrimento você se alimentará dela todos os dias da sua vida" (Gênesis 3:17); e "Com o suor do seu rosto você comerá o seu pão, até que volte à terra, visto que dela foi tirado; porque você é pó e ao pó voltará" (Gênesis 3:19). Visto dessa maneira, o trabalho parece necessário, porém doloroso.

12 Adam Smith, *Wealth of Nations*, pp. 734-35. Nova York: Random House, 1937. (Ed. bras.: *A riqueza das nações*. Rio de Janeiro: Nova Fronteira, 2017.)

13 Nessa visão, o único propósito do trabalho é ganhar a vida, mas o trabalho em si não tem utilidade intrínseca. "O trabalho é um mal necessário a ser evitado", afirmou Mark Twain. E, segundo o jornalista austríaco Alfred Polgar, "Trabalho é o que você faz de modo a que um dia não tenha mais que fazê-lo".

14 General Stanley McChrystal, Swith Tantum Collins, David Silverman e Chris Fussell, *Team of Teams: New Rules of Engagement for a Complex*

World (Um time de equipes: Novas regras de comprometimento para um mundo complexo). Nova York: Portfolio/Penguin, 2015.

15 McChrystal et al., *Team of Teams*.

16 De acordo com a investigação global do ADP Research Institute; veja Buckingham e Goodall, *Nove mitos sobre o trabalho*, p. 276.

Capítulo 2

1 Khalil Gibran, *O profeta*. São Paulo: Planeta, 2019.

2 Gênesis 2:15.

3 Essas ideias foram expressas em diversas encíclicas papais, posteriormente reunidas no *Compêndio da Doutrina Social da Igreja*, publicado durante o pontificado de João Paulo II.

4 João Paulo II, "Laborem Exercens", 14 de setembro de 1981. Disponível em <www.vatican.va/content/john-paul-ii/pt/encyclicals/documents/hf_jp-ii_enc_14091981_laborem-exercens.html>, acesso em 19 de abril de 2022.

5 "Todos os homens foram criados para se ocupar em trabalhar para o bem comum", disse João Calvino.

6 John W. Budd, *The Thought of Work* (A reflexão sobre o trabalho), p. 166. Ithaca, NY: Cornell University Press, edição Kindle. O islamismo também ensina que "os melhores homens são aqueles que são úteis para os outros" (p. 162).

7 Budd, *The Thought of Work*, p. 166. As pessoas são instruídas a "se esforçar constantemente para servir ao bem-estar do mundo; com dedicação a trabalho altruísta alcança-se o supremo objetivo na vida" (p. 162). E, segundo Gayatri Naraine, escritora e educadora espiritual hindu, "Acrescentar a dimensão do serviço ao trabalho colocará as pessoas no coração do trabalho e as encherá de um significado e propósito que frequentemente parecem estar faltando". Ver Gayatri Naraine, "Dignity, Self-Realization and the Spirit of Service: Principles and Practice of Decent Work", em *Philosophical and Spiritual Perspectives on Decent Work* (Perspectivas filosóficas e espirituais sobre o trabalho decente), de Dominique Peccoud (org.), p. 96. Genebra: International Labour Organization, 2004.

8   Andrew E. Clark e Andrew J. Oswald, "Unhappiness and Unemployment", *The Economic Journal* 104, n. 424 (maio de 1994), pp. 648-59. Disponível em <www.jstor.org/stable/2234639>, acesso em 27 de abril de 2022.

9   Juliana Menasce Horowitz e Nikki Graf, "Most U.S. Teens See Anxiety and Depression as a Major Problem Among Their Peers". Pew Research Center, 20 de fevereiro de 2019. Disponível em <www.pewsocialtrends.org/2019/02/20/most-u-s-teens-see-anxiety-and-depression-as-a-major-problem-among-their-peers>, acesso em 27 de abril de 2022.

10 Amy Adkins e Brandon Rigoni, "Paycheck or Purpose: What Drives Millennials?". Gallup Workplace, 1º de junho de 2016. Disponível em <www.gallup.com/workplace/236453/paycheck-purpose-drives-millennials.aspx>, acesso em 27 de abril de 2022.

11 David Brooks, *A segunda montanha: A busca por uma vida moral*. Rio de Janeiro: Alta Books, 2019.

12 Bill George, *Discover Your True North: Becoming an Authentic Leader* (Descubra seu verdadeiro norte: Tornando-se um líder autêntico). Hoboken, NJ: John Wiley & Sons, 2015.

13 Hortense le Gentil, *Aligned: Connecting Your True Self with the Leader You're Meant to Be*. (Alinhado: Conectando seu eu verdadeiro com o líder que você deve ser). Vancouver: Page Two, 2019. Hortense le Gentil também é minha esposa.

14 Gianpiero Petriglieri, "Finding the Job of Your Life", *Harvard Business Review*, 12 de dezembro de 2012. Disponível em <hbr.org/2012/12/finding-the-job-of-your-life>, acesso em 27 de abril de 2022.

15 J. Stuart Bunderson e Jeffrey A. Thompson, "The Call of the Wild: Zookeepers, Callings and the Double-Edged Sword of Deeply Meaningful Work", *Administrative Science Quarterly* 54, n. 1 (março de 2009), pp. 32-57.

16 Dan Ariely, "What Makes Us Feel Good about Our Work?", filmado em outubro de 2012 em TEDxRiodelaPlata, Uruguai, vídeo, 20:14. Disponível em <bit.ly/3Kgf0Ut>, acesso em 27 de abril de 2022.

Capítulo 3

1. Marshall Goldsmith com Mark Reiter, *What Got You Here Won't Get You There: How Successful People Become Even More Successful* (O que trouxe você até aqui não vai levá-lo até lá: Como pessoas bem-sucedidas alcançam um sucesso ainda maior). Nova York: Hachette, 2007.
2. Etienne Benson, "The Many Faces of Perfectionism", *Monitor on Psychology* 34, n. 10 (novembro de 2003), p. 18. Disponível em <www.apa.org/monitor/nov03/manyfaces>, acesso em 27 de abril de 2022.
3. Brené Brown, *A arte da imperfeição*, p. 30. Rio de Janeiro: Sextante, 2020.
4. Brené Brown, "The Power of Vulnerability", filmado em junho de 2010 em TEDxHouston, Texas, vídeo, 20:04. Disponível em <www.ted.com/talks/brene_brown_the_power_of_vulnerability>, acesso em 27 de abril de 2022.
5. Jeff Bezos, carta anual aos acionistas, 6 de abril de 2016, US Securities and Exchange Commission (Comissão de Valores Mobiliários dos Estados Unidos). Disponível em <bit.ly/38v4mvR>, acesso em 27 de abril de 2022.
6. Carol Dweck, *Mindset: The New Psychology of Success*, p. 20. Nova York: Random House, 2007, edição Kindle. (Ed. bras.: *Mindset: A nova psicologia do sucesso*. Rio de Janeiro: Objetiva, 2017.)
7. Thomas Curran e Andrew P. Hill, "Perfectionism Is Increasing over Time: A Meta-Analysis of Birth Cohort Differences from 1989 to 2016", *Psychological Bulletin* 145, n. 4, 2019, pp. 410-29. Disponível em <www.apa.org/pubs/journals/releases/bul-bul0000138.pdf>, acesso em 27 de abril de 2022.

Capítulo 4

1. Uma pesquisa recente da Edelman destacou que a maioria dos entrevistados em todo o mundo acredita que o capitalismo em sua forma atual está fazendo mais mal do que bem, e, de acordo com o Centro de Pesquisa Pew, um terço dos americanos tem uma opinião negativa sobre o capitalismo. Quando interrogados sobre o que pensam que é ruim, eles dão dois motivos principais: o sistema é injusto e é responsável pela desigualdade de riqueza; e, argumentam, é por natureza corrupto e explorador, ferindo pessoas e destruindo o meio ambiente. Embora os *baby boomers* ainda

defendam o livre mercado, jovens adultos estão claramente mais desencantados com o capitalismo desde 2010: somente metade deles considera o capitalismo positivo em comparação com o socialismo. Ver Edelman, "Edelman Trust Barometer 2020", 12, disponível em <bit.ly/3vJIhBX>; Pew Research Center, "Stark Partisan Divisions in Americans' Views of 'Socialism', 'Capitalism'", FactTank: News in the Numbers, 25 de junho de 2019, disponível em <pewrsr.ch/3vkrINI>; e Lydia Saad, "Socialism as Popular as Capitalism Among Young Adults in the U.S.", Gallup, 25 de novembro de 2019, disponível em <news.gallup.com/poll/268766/socialism-popular-capitalism-among-young-adults.aspx>; acessos em 27 de abril de 2022.

2 Em maio de 2016, a matéria de capa da revista *Time* era sobre "A grande crise do capitalismo americano" e alegava que "o próprio sistema de capitalismo de mercado dos Estados Unidos está quebrado". Em 2018, a *The Economist* lançou o Open Future (Futuro Aberto), uma discussão continuada sobre a correção das falhas do capitalismo. Ver Rana Foroohar, "American Capitalism's Great Crisis", *Time*, 12 de maio de 2016, disponível em <time.com/4327419/american-capitalisms-great-crisis>; e *The Economist*, textos diversos disponíveis em <www.economist.com/open-future>; acessos em 27 de abril de 2022.

3 Milton Friedman, "A Friedman Doctrine", *The New York Times*, 13 de setembro de 1970. Disponível em <www.nytimes.com/1970/09/13/archives/a-friedman-doctrine-the-social-responsibility-of-business-is-to.html>, acesso em 27 de abril de 2022.

4 The Business Roundtable, "Statement on Corporate Governance", setembro de 1997, 1. Disponível em <www.ralphgomory.com/wp-content/uploads/2018/05/Business-Roundtable-1997.pdf>, acesso em 27 de abril de 2022.

5 Edmund L. Andrews, "Are IPOs Good for Innovation?", Stanford Graduate School of Business, 15 de janeiro de 2013. Disponível em <www.gsb.stanford.edu/insights/are-ipos-good-innovation>, acesso em 27 de abril de 2022.

6 Edelman, "Edelman Trust Barometer 2020".

7 BBC News, "Flight Shame Could Halve Growth in Air Traffic", 2 de outubro de 2019, disponível em <www.bbc.com/news/business-49890057>, acesso em 27 de abril de 2022.

8   Larry Fink, "A Fundamental Reshaping of Finance", 2020, carta aos CEOs, BlackRock. Disponível em <www.blackrock.com/corporate/investor-relations/larry-fink-ceo-letter>, acesso em 27 de abril de 2022.

9   Charlotte Edmond, "These Are the Top Risks Facing the World in 2020", Fórum Econômico Mundial, 15 de janeiro de 2020. Disponível em <weforum.org/agenda/2020 /01/top-global-risks-report-climate-change-cyberattacks-economic-political>, acesso em 27 de abril de 2022.

10 Lynn Stout, "'Maximizing Shareholder Value' Is an Unnecessary and Unworkable Corporate Objective", em *Re-Imagining Capitalism: Building a Responsible Long-Term Model* (Reimaginando o capitalismo: Construindo um modelo responsável de longo prazo), Barton Dominic, Dezso Horvath e Matthias Kipping (orgs.), cap. 12. Oxford, UK: Oxford University Press, 2016.

11 Global Sustainable Investment Alliance, "2018 Global Sustainable Investment Review", 8. O que a Alliance considera "investimento responsável" corresponde hoje a um compartilhamento crescente de ativos gerenciados profissionalmente nessas regiões, indo de 18% no Japão a 63% na Austrália e na Nova Zelândia (ver p. 3). Disponível em <www.gsi-alliance.org/wp-content/uploads/2019/06/GSIR_Review2018F.pdf>, acesso em 27 de abril de 2022.

12 Em junho de 2017, a força-tarefa da Climate-Related Financial Disclosures of the Financial Stability Board, um organismo internacional que monitora o sistema financeiro global, emitiu uma recomendação a bancos, seguradoras, gestoras de ativos e proprietários de ativos para que revelassem informações financeiras relacionadas com o clima em suas prestações de contas anuais (www.fsb-tcfd.org/publications/final-recommendations-report/). A BlackRock incentivou os CEOs a adotar as recomendações. Deixou claro que votaria contra gerências e diretorias que não fizessem progressos suficientes nessas revelações ou em práticas e planos de negócios que as sustentassem. Ver Larry Fink, "A Fundamental Reshaping of Finance".

Capítulo 5

1. McLeod, *Leading with Noble Purpose*.

2. Simon Sinek, "How Great Leaders Inspire Action", gravado em setembro de 2009 em TEDxPugetSound, estado de Washington, setembro de 2009, vídeo, 17:49. Disponível em <www.ted.com/talks/simon_sinek_how_great_leaders_inspire_action>, acesso em 27 de abril de 2022.

3. Ralph Lauren, "About Us" (Sobre nós). Disponível em <www.ralphlauren.co.uk/en/global/about-us/7113>, acesso em 27 de abril de 2022.

4. Johnson & Johnson, "Our Credo" (Nosso credo). Disponível em <www.jnj.com/credo>, acesso em 27 de abril de 2022.

5. Raj Sisodia, Jag Sheth e David Wolfe, *Empresas humanizadas*. Rio de Janeiro: Alta Books, 2019.

6. Sisodia, Sheth e Wolfe, *Empresas humanizadas*.

7. Ver, por exemplo, Cathy Carlisi, Jim Hemerling, Julie Kilmann, Dolly Meese e Doug Shipman, "Purpose with the Power to Transform Your Organization", Boston Consulting Group, 15 de maio de 2017. Disponível em <www.bcg.com/publications/2017/transformation-behavior-culture-purpose-power-transform-organization.aspx>, acesso em 27 de abril de 2022.

8. Leslie P. Norton, "These Are the 100 Most Sustainable Companies in America – and They're Beating the Market", *Barron's*, 7 de fevereiro de 2020. Disponível em <www.agilent.com/about/newsroom/articles/barrons-100-most-sustainable-companies-2020.pdf>, acesso em 27 de abril de 2022.

9. Larry Fink, "A Sense of Purpose", carta anual para CEOs, 2018. Disponível em <www.blackrock.com/corporate/investor-relations/2018-larry-fink-ceo-letter>, acesso em 27 de abril de 2022.

10. As empresas cujos CEOs são membros da Business Roundtable empregam coletivamente mais de 10 mihões de pessoas e geram mais de 7 trilhões de dólares em receitas anuais. Site oficial: www.businessroundtable.org.

11. Business Roundtable, "Statement on the Purpose of a Corporation", 19 de agosto de 2019. Disponível em <s3.amazonaws.com/brt.org/BRT-StatementonthePurposeofaCorporationOctober2020.pdf>, acesso em 27 de abril de 2022.

12 Business Roundtable, "Statement on the Purpose of a Corporation".

13 Global Justice Now, "69 of the 100 Richest Entities on the Planet Are Corporations, Not Governments, Figures Show", 17 de outubro de 2018. Disponível em <www.globaljustice.org.uk/news/2018/oct/17/69-richest-100-entities-planet-are-corporations-not-governments-figures-show>, acesso em 27 de abril de 2022.

14 "O sonho americano está vivo, mas desgastado", afirma Jamie Dimon, presidente e CEO da JPMorgan Chase & Co. e presidente da Business Roundtable. "Empregadores importantes estão investindo em seus funcionários e suas comunidades porque sabem que é a única maneira de ter sucesso a longo prazo." Bill McNabb, ex-CEO da Vanguard, ecoa o sentimento: "Adotando uma visão mais ampla e mais completa do propósito corporativo, as diretorias podem se concentrar em criar valor a longo prazo, atendendo melhor a todos: investidores, colaboradores, comunidades, fornecedores e clientes." Ver Business Roundtable, "Business Roundtable Redefines the Purpose of a Corporation to Promote 'An Economy that Serves All Americans'", 19 de agosto de 2019. Disponível em <bit.ly/3KLsUOM>, acesso em 27 de abril de 2022.

Capítulo 6

1 Kavita Kumar, "Amazon's Bezos Calls Best Buy's Turnaround 'Remarkable' as Unveils New TV Partnership", *Star Tribune*, 19 de abril de 201. Disponível em <strib.mn/37nuclx>, acesso em 27 de abril de 2022.

2 Idem.

3 V. Kasturi Rangan, Lisa Chase e Sohel Karim, "The Truth about CSR", *Harvard Business Review*, janeiro-fevereiro de 2015. Disponível em <hbr.org/2015/01/the-truth-about-csr>, acesso em 27 de abril de 2022.

4 Marc Bain, "There's Reason to Be Skeptical of Fashion's New Landmark Environmental Pact", *Quartz*, 24 de agosto de 2019. Disponível em <qz.com/quartzy/1693996/g7-summit-new-fashion-coalition-unveils-sustainability-pact/>, acesso em 27 de abril de 2022.

5 Marc Benioff e Monica Langley, *Trailblazer: The Power of Business as the Greatest Platform for Change* (Pioneiras: O poder do negócio como a maior plataforma de mudança), cap. 2, pp. 26-33. Nova York: Random House, 2019, edição Kindle.

6   Jim Hemerling, Brad White, Jon Swan, Cara Castellana Kreisman e J. B. Reid, "For Corporate Purpose to Matter, You've Got to Measure It", Boston Consulting Group, 16 de agosto de 2018. Disponível em <www.bcg.com/en-us/publications/2018/corporate-purpose-to-matter-measure-it.aspx>, acesso em 27 de abril de 2022.

Capítulo 7

1   Statista, "Small Appliances". Disponível em <www.statista.com/outlook/16020000/109/small-appliances/united-states>, acesso em 27 de abril de 2022.

2   Ainda não sabíamos que a apresentação seria postergada para 13 de novembro devido ao furacão Sandy.

Capítulo 8

1   Richard Schulze, *Becoming the Best: A Journey of Passion, Purpose, and Perseverance* (Tornando-se o melhor: Uma jornada de paixão, propósito e perseverança), p. 153. Nova York: Idea Platform, 2011.

2   RSA Animates, "Drive: The Surprising Truth about What Motivates Us". YouTube, gravado em 1º de abril de 2010, vídeo, 10:47. Disponível em <www.youtube.com/watch?v=u6XAPnuFjJc&feature=share>, acesso em 27 de abril de 2022.

3   Daniel Pink, "The Puzzle of Motivation", TEDGlobal 2009, vídeo, 18:36. Disponível em <www.ted.com/talks/dan_pink_the_puzzle_of_motivation/transcript?referrer=playlist-why_we_do_the_things_we_do#t-262287>, acesso em 27 de abril de 2022.

4   Já no início da década de 1970, uma pesquisa de Edward Deci, professor e diretor do Departamento de Psicologia da Universidade de Rochester, concluiu que o pagamento por desempenho mina a chamada "motivação intrínseca".

5   Samuel Bowles, "When Economic Incentives Backfire", *Harvard Business Review*, março de 2009. Disponível em <hbr.org/2009/03/when-economic-incentives-backfire>, acesso em 27 de abril de 2022.

Capítulo 9

1. Shawn Achor, Andrew Reece, Gabriella Roser Kellerman e Alexi Robichaud, "9 out of 10 People Are Willing to Earn Less Money to Do More-Meaningful Work", *Harvard Business Review*, 6 de novembro de 2018. Disponível em <hbr.org/2018/11/9-out-of-10-people-are-willing-to-earn-less-money-to-do-more-meaningful-work>, acesso em 27 de abril de 2022.
2. George, *Discover Your True North*.

Capítulo 10

1. Dan Buettner, "How to Live to Be 100+", gravado em setembro de 2009 na TEDxTC, Minneapolis, vídeo, 19:03. Disponível em <www.ted.com/talks/dan_buettner_how_to_live_to_be_100>, acesso em 27 de abril de 2022.
2. Charles O'Reilly e Jeffrey Pfeffer, *Hidden Value: How Great Companies Achieve Extraordinary Results with Ordinary People* (Valor oculto: Como empresas de excelência alcançam resultados extraordinários com funcionários comuns). Boston: Harvard Business School Press, 2000.
3. Sisodia, Sheth e Wolfe, *Empresas humanizadas*, p. 68.
4. John Mackey e Raj Sisodia, *Conscious Capitalism: Liberating the Heroic Spirit of Business* (Capitalismo consciente: Libertando o espírito de negócios heroico), cap. 15. Boston: Harvard Business Review Press, edição Kindle, 2012. [Ed. bras.: *Capitalismo consciente: Como libertar o espírito heroico dos negócios*. Rio de Janeiro: Alta Books, 2018.]
5. Isso é o que Amy Edmonson, professora na Harvard Business School, identificou como "segurança psicológica".
6. Drake Baer, "Why Doing Awesome Work Means Making Yourself Vulnerable", *FastCompany*, 17 de setembro de 2012. Disponível em <www.fastcompany.com/3001319/why-doing-awesome-work-means-making-yourself-vulnerable>, acesso em 27 de abril de 2022.
7. Brené Brown, "The Power of Vulnerability", gravado em junho de 2010 na TEDxHouston, vídeo, 12:04. Disponível em <www.ted.com/talks/brene_brown_the_power_of_vulnerability?language=en>, acesso em 27 de abril de 2022.

8. Mackey e Sisodia, *Conscious Capitalism*, p. 227.

9. Dorie Clark, "What's the Line between Authenticity and TMI?", *Forbes*, 26 de agosto de 2013. Disponível em <www.forbes.com/sites/dorieclark/2013/08/26/whats-the-line-between-authenticity-and-tmi/#12881ca720a9>, acesso em 27 de abril de 2022.

10. Marriott International, "A Message from Arne", Twitter, 20 de março de 2020.

11. McKinsey & Company, "Women Matter, Time to Accelerate: Ten Years of Insights into Gender Diversity", outubro de 2017, pp. 13-15. Disponível (em inglês) em <mck.co/3vQ28zq>; e Vivian Hunt, Dennis Layton e Sara Prince, "Why Diversity Matters", McKinsey & Company, janeiro de 2015. Disponível em <www.mckinsey.com/business-functions/organization/our-insights/why-diversity-matters>; acessos em 27 de abril de 2022.

12. McKinsey & Company, "Women Matter".

13. Jen Wieczner, "Meet the Women Who Saved Best Buy", *Fortune*, 25 de outubro de 2015. Disponível em <fortune.com/2015/10/25/best-buy-turnaround/>, acesso em 27 de abril de 2022.

14. Sally Helgesen e Marshall Goldsmith, *Como as mulheres chegam ao topo: Elimine os 12 hábitos que impedem você de alcançar seu próximo aumento, promoção ou emprego*. Rio de Janeiro: Alta Books, 2018.

15. Stephanie J. Creary, Mary-Hunter McDonnell, Sakshi Ghai e Jared Scruggs, "When and Why Diversity Improves Your Board's Performance", *Harvard Business Review*, 27 de março de 2019. Disponível em <hbr.org/2019/03/when-and-why-diversity-improves-your-boards-performance>, acesso em 27 de abril de 2022.

16. Clare Garvie e Jonathan Frankle, "Facial-Recognition Software Might Have a Racial Bias Problem", *The Atlantic*, 7 de abril de 2016. Disponível em <www.theatlantic.com/technology/archive/2016/04/the-underlying-bias-of-facial-recognition-systems476991>, acesso em 27 de abril de 2022.

Capítulo 11

1. Robert Rosenzweig, "Robert S. McNamara and the Evolution of Modern Management", *Harvard Business Review*, dezembro de 2010. Disponível em

<hbr.org/2010/12/robert-s-mcnamara-and-the-evolution-of-modern-management>, acesso em 3 de maio de 2022.

2. Pink, "Drive".

3. Robert Karasek, "Job Demands, Job Decision Latitude, and Mental Strain: Implications for Job Redesign", *Administrative Science Quarterly* 24, nº 2 (junho de 1979), pp. 285-308.

4. Amazon, carta de Jeff Bezos a acionistas, abril de 2017. Disponível em <bit.ly/3s8WqaE>, acesso em 3 de maio de 2022.

5. Paul Hersey e Ken Blanchard desenvolveram esse modelo de "liderança situacional". Ver Paul Hersey, Kenneth Blanchard e Dewey Johnson, *Management of Organizational Behavior: Leading Human Resources* (Gestão do comportamento organizacional: Liderando recursos humanos), 10ª ed. Upper Saddle River, NJ: Pearson Prentice Hall, 2012.

6. Alex Berenson, "Watch Your Back, Harry Potter: A Wizardly Computer Game, Diablo II, Is a Hot Seller", *The New York Times*, 3 de agosto de 2000. Disponível em <nyti.ms/3LFA4VT>, acesso em 3 de maio de 2022.

Capítulo 12

1. George Leonard, *Mastery: The Keys to Success and Long-Term Fulfillment* (Excelência: Os segredos para o sucesso e a realização duradouras), p. xiii. Nova York: Penguin Publishing Group, edição Kindle, 1992, p. xiii.

2. Neil Hayes, *When the Game Stands Tall, Special Movie Edition: The Story of the De La Salle Spartans and Football's Longest Winning Streak*. Berkeley, CA: North Atlantic Books, 2014.

3. "Nosso direito é limitado ao desempenho da ação confiada a nós, e nosso dever é realizá-la com o melhor de nossa capacidade. Quando nossa mente se concentra no fruto da ação e não na ação em si, tendemos a nos distrair e ficamos incapacitados para dar nossa atenção total. A obsessão também pode nos deixar nervosos e a necessidade de vencer drena nosso poder." Menon Devdas, *Spirituality at Work: The Inspiring Message of the Bhagavad Gita*, p. 103. (Espiritualidade no trabalho: A mensagem inspiradora do Bhagavad Gita). Mumbai: Yogi Impressions Books, edição Kindle, 2016.

4   Robert Sutton e Ben Wigert, "More Harm than Good: The Truth about Performance Reviews", Gallup, 6 de maio de 2019. Disponível em <www.gallup.com/workplace/249332/harm-good-truth-performance-reviews.aspx>, acesso em 3 de maio de 2022.

5   Rosamund Stone Zander e Ben Zander, *The Art of Possibility: Transforming Professional and Personal Life*, cap. 3 (A arte da possibilidade: Transformando a vida profissional e pessoal). Nova York: Penguin.

6   Buckingham e Goodall, *Nove mitos sobre o trabalho*, pp. 119-20.

Capítulo 13

1   Chan Kim e Renée Mauborgne, *A estratégia do oceano azul: Como criar novos mercados e tornar a concorrência irrelevante*. Rio de Janeiro: Sextante, 2019.

2   Esta expressão foi desenvolvida por James Collins e Jerry Porras.

Capítulo 14

1   Emma Seppälä, "What Bosses Gain by Being Vulnerable", *Harvard Business Review*, 11 de dezembro de 2014. Disponível em <hbr.org/2014/12/what-bosses-gain-by-being-vulnerable>, acesso em 3 de maio de 2022.

2   Rodolphe Durand e Chang-Wa Huyhn, "Approches du Leadership, Livret de Synthèse", HEC Paris, Society and Organizations Institute.

3   Clayton Christensen, "How Will You Measure Your Life?", *Harvard Business Review*, julho-agosto de 2010. Disponível em <hbr.org/2010/07/how-will-you-measure-your-life>, acesso em 3 de maio de 2022.

4   Christensen, "How Will You Measure Your Life?".

Capítulo 15

1   Christensen, "How Will You Measure Your Life?".
2   Marshall Goldsmith e Scott Osman, *Leadership in a Time of Crisis: The Way Forward in a Changed World* (Liderança em tempo de crise: O caminho adiante em um mundo transformado). Nova York: Rosetta Books, 2020.

Conclusão

1   Le Gentil, *Aligned*, p. 2.

Para saber mais sobre os títulos e autores da Editora Sextante,
visite o nosso site e siga as nossas redes sociais.
Além de informações sobre os próximos lançamentos,
você terá acesso a conteúdos exclusivos
e poderá participar de promoções e sorteios.

sextante.com.br